JN409335

둥둥 우렁이 껍데기 떠내려가다

둥둥 우렁이 껍데기 떠내려가다

송복련 수필집

수필과비평사

작가의 말

좀 새로워진 얼굴을 내밀고 싶었습니다. 늘 변화를 꿈꾸었지만 울타리를 넘어서지 못하고 마음만 앞섰습니다. 미흡한 채로 밀쳐두었던 글들을 다시 읽으니 눅눅한 냄새가 납니다. 그때는 잘 보이지 않던 흠집들이 거치적거리고 앞서 낸 책과 그다지 달라 보이지 않아 망설이는 시간이 길었습니다.

그동안 내가 사는 환경이 바뀌고 눈도 나빠져 잠시 주춤거렸지만 줄곧 한곳만을 바라보고 왔다는 것을 부인할 수가 없습니다. 더 맑은 샘물을 얻기 위해 정화시키는 일이라 여기며 부끄러움을 감추지 못한 채 용기를 내어봅니다.

수필을 쓰면서 내 삶은 달라졌습니다. 세상을 보는 시선이 따뜻해지고 마음은 좀 너그러워졌으며 섬세한 떨림판을 가지면서 삶이 풍요로워졌습니다. 무엇보다 힘이 되어준 것은 선생님과 글벗들입니다. 만나서 배우고 격려하며 지나온 시간들이 소중하기에 내 인생에서 가장 잘한 일이라고 여기며 살고 있습니다.

부족한 글이지만 누구에겐가 공감과 위안이 되었으면 하는 욕심을 가져봅니다.

2012년 10월

송복련

차례

1부

둥둥 우렁이 껍데기 떠내려가다

2부

익숙하다는 것

3부
내 인생의 움직씨, 줍다, 울다, 쓰다

4부
앳되고 고운 날은 강물처럼

5부

시간의 무늬

1.
둥둥 우렁이 껍데기 떠내려가다

바다는 수평선 위에서 하늘과 만나 한 빛이 되고, 숲으로 덮인 산등성이 위로 하늘에 닿아 경계를 무너뜨린다. 푸른색은 남빛, 쪽빛, 갈맷빛과 함께 모든 푸른 것들의 어머니다.

나의 키워드

BOOK.

별사탕 같은 글자들을 한 아름 안고 있으니 행복해 보입니다. 빨간 'B'는 알이 제일 굵습니다. 파란 'O'는 슬쩍 흘러내릴 듯하고 초록 'O'는 기우뚱합니다. 빨간 옷 입은 막내 'K'는 겨우 끼어들었습니다. 머리 위로 구름 몇 점이 둥실 떠갑니다. 글자를 한 아름 안고 사람이 웃습니다. 혼자가 아니라 여럿이 모여 이루는 글자들을 봅니다. 내가 그리는 그림은 어느 쪽일까 물어봅니다. 신호등 없는 길에서 두리번거리다가 보게 되었습니다. 내가 바라는 키워드는 이것이 아닌가 하고 말입니다.

지금 보고 있는 그림은 '탁소'의 〈타이포 아트〉입니다. 이름마저 생소합니다. 글자가 예술이 되는 그림이지요. 자음과 모음이 만나서 아름다운 풍경을 만드니 내 마음이 따뜻해집니다. 우리가 사는 세상처럼 글자가 여는 예술의 세계가 마음을 쿵 하고 울리고 갑니다.

그는 처음에 그림을 보여주며 뭐가 보이느냐고 물었습니다. 모자이크 같기도 하고 추상화처럼 흩어진 색을 보고 있으니 두근거립니다. 색맹 검사를 할 때 펴 놓은 알록달록한 책 앞에서 뭔가를 발견하지 않으면 안 될 것 같은 기분입니다. 색맹 판정이 날 것 같아 억지로 꿰맞추려고 애썼던 기억이 떠올랐기 때문입니다. 다른 그림들을 보면서 익숙해지기 시작했습니다. HAPPY, LOVE SMILE, HOPE, DREAM……. 쌀쌀한 날에 뜨뜻한 아랫목같이 그리운 말들입니다.

작가는 글자들과 재미있게 놀아요. 누웠다 일어나거나 달리거나 포개며 저마다 다른 표정과 몸짓을 합니다. 참 독특해 보입니다. 단순해서 쉬웠습니다. 보는 순간 명징하게 다가와 입꼬리가 올라갔어요. 한 단어면 끝낼 수 있는 것을 그동안 나는 너무 많은 말들을 쏟아 내거나 의미를 만들려고 애썼다는 생각이 들었어요. 화려한 색상의 옷을 입은 글자들이 머릿속에서 판타지를 불러일으킨다고나 할까요. 영문 글자들이라 아쉽지만 그의 꿈이 먼 곳을 향해 있을 것이라 짐작합니다.

내 글을 읽고 가는 사람들의 입꼬리가 올라갈 수 있게 기분 좋은 글을 쓰고 싶습니다. 우선 장식들을 거둬들여야 하겠는데 앙상한

뼈만으로는 볼품이 없을 것 같아 머리를 자꾸 쓰게 되는 게 문젭니다. 숲이 우거졌나 하면 잡초만 무성한 꼴이 아닌가 싶어요. 거기다 글자들을 잘 가지고 놀지 못해 자주 붓끝을 멈추게 됩니다. 하지만 화가가 그린 열매처럼 꿈을 달아주는 일은 꼭 하고 싶어요. 빨갛게 익어 단내를 풍기려면 내 부족한 곳간을 책으로 채워야 하기에 책 욕심을 내어 봅니다. 눈이 조금 더 좋았을 때 욕심을 내지 못했던 게 못내 아쉽기만 합니다.

고드름

벼랑 끝이다. 유전자 속에는 아래로만 흐르는 결코 솟아오르지 못하는 숙명적인 길이 저장되어 있나보다. 그래서 마음은 맺히고 맺혀 처마 끝에서 자꾸만 칼날이 되어 수염처럼 자란다. 차갑게 벼리는 몸은 단단하지만 유리처럼 쉽게 금이 간다. 아주 맑아지면 끝내 추락하여 제 몸을 던져버릴 것이다.

거꾸로 자라다보니 몸은 점점 비수를 닮아가는 것 같다. 흐름이 멈춘 뒤 소통 없이 경직된 몸은 깨질지언정 타협을 모르고 찌를 듯이 날카롭기만 하다. 눈물이 얼음의 시간을 거치는 동안 처마 끝에서 점점 차갑고 독해지기만 하니 안타깝다. 곧게만 자라서 수직으로 뛰어내리려니 아득하여 두려움에 떨고 있는 것인가. 뾰족하게 굳은 마음으로 벼랑 끝에 서고 보면 제 무게만큼이나 마음

바닥에 깊은 홈을 파고야 말 텐데. 몸이 투명하게 되어 용서하는 시간이 어느 때쯤 오려나.

산촌의 봄은 고드름 녹는 소리로 시작된다고 했던가. 눈 덮인 산간마을은 처마 끝의 그늘로 겨우 집이라는 걸 알 수가 있다. 순백의 무게와 부피가 처마 끝마다 고드름으로 흘러내릴 때의 풍경은 겨울의 이빨이 모두 빠져나가는 듯하다. 그렇게 한나절 아니 얼마간이면 독한 마음을 녹여내고 말 텐데. 마음이 녹아야 땅에 닿을 수 있다는 걸 그제야 알게 될까.

스미지 못하는 것들의 서릿발 같은 그 냉기는, 풀렸다 맺히는 서운한 마음 끝에서 매달리는 집착 덩어리와 같다. 내몰리다가 벼랑 끝에 서서 위로 솟아올라 보지 못한 시간들을 원망하며 눈물을 흘리는 것인가. 봄은 늘 가까이 서성거리고 있었는데 그동안 왜 겨울만을 느끼고 살았을까. 오래전 자신이 물이었던 날을 그만 잊어버리고 말았는지. 물의 마음으로 돌아가기 위해 해를 기다리며 물방울의 기억을 떠올려야 하리. 얼음이 풀리고 맺히는 날이 거듭되는 걸 보면 햇빛이 먼 곳에 있지 않은 것 같은데.

고드름은 폭설 뒤에 많이 자란다. 엷은 햇살에도 처마 끝에서 죽순처럼 돋아난다. 폭포, 아니 물기가 있는 곳이면 어디서나 자라는 고드름은 얼음 수염, 얼음 국수, 얼음 주렴, 얼음 악기와 닮았다. 끊겼던 길이 열리면서 개구쟁이들이 절벅거리는 마당으로 뛰어나올 때, 장난감 칼이 되어 눈부시게 깨지는 소리가 듣기 좋다. 가슴이 뜨거운 처녀들이 한입 가득 베어 물면, 오도독 씹히는 소리와 함께 어깨를 움츠리며 자지러지는 모습도 귀엽다. “고드름, 고드름, 수정 고드름, 각시방 영창에 달아놓아요.” 노랫소리가 들리는 듯하다.

‘똑, 똑.’ 떨어지는 낙숫물 소리를 듣는 사람이 있을 것이다. 명징하게 정신을 일깨우며 가슴에 작은 웅덩이를 담고 있을지도 모른다. 흥건하게 고인 물 위의 동그라미를 보며 봄이 오는 소리에 귀 기울이고 있을 듯하다. 그동안 자신을 짓눌렀던 짐들을 훌훌 벗어버리고 둗의 몸이 되어서 둥글게 풀려나길 바랄 것이다. 그리고 아픈 무게만큼이나 가슴에 깊은 심지 하나 심어진 것을 토게 되리라.

얼었다 녹아내리기를 거듭하는 애증의 시간을 지나 투명해진 고드름은, 전신을 던져 투신함으로써 자유를 얻는다. 녹아 스며들어서, 작은 풀꽃에서부터 땅과 하늘 위의 모든 생명을 키우는 물처럼 윤회의 시간을 거치리라. 비록 얼음의 시간이 온다 하더라도 다시 녹아내릴 것을 믿으며 견딜지도 모른다.

어디서 ‘똑, 똑.’ 물방울이 떨어지는 소리가 들리는가 싶다. 내 마음도 따라 녹아내리고 싶고 스미고 싶고 흐르고 싶다. 누군가의 창가에서 낙숫물처럼 듣는 음악이 되고 싶다.

탱자나무 길

이사를 했다. 새로운 곳에 가서 살아보고 싶었고 처음으로 내 방을 가지게 되어 한참 동안 설렜다. 몇 달이 걸려 완성된 집에 갔을 때, 우리가 살 집은 커다란 채마밭에 섬처럼 외따로 서 있었다. 탱자나무 울타리가 우거진 길을 따라가면 낙타 등처럼 솟은 형제봉 아래로 큰 강이 흐른다. 날씨가 좋은 날에는 바람을 쐬러 가는 사람들의 발길이 분주하다. 집 주변으로는 탱자나무 울타리 속에 갇힌 외딴집 몇 채가 더 있을 뿐이다. 해가 짧아지는 가을부터는 집으로 가는 걸음이 빨라진다. 마을을 관통하고 나면 뛰다시피 하는데 대문이라도 잠긴 날은 엄마를 소리쳐 불렀다.

탱자나무 꽃 피는 봄이 기다려진다. 온몸으로 뿜어내는 초록 가시들의 겨드랑이마다 하얀 꽃봉오리들이 사춘기의 희망처럼 부풀어 오른다. 그런 날은 가시 곁으로 다가가서 노란 꽃술을 들여다보게 되고 향에 취해본다. 지금쯤 풋열매들이 잎 뒤에서 몰래 익어가리라. 호박잎이 얹히고 박주가리 덩굴도 따라가면 탱자나무는 풍성해진다. 곧 거미의 계절이 올 것이다. 가시 끝에 빨랫줄처럼 걸어놓은 이슬에 젖은 하얀 요람을 만날 것이다. 그리고 노랗게 익은 탱자들이 유혹의 눈길을 보내면 기꺼이 손을 깊숙이 밀어 넣는 이도 보게 될 것이다. 잎 진 가지 밑으로 작은 구멍이 열리고 들쥐와 고양이들이 넘나들 테지.

하루는 옆 밭에서 무슨 공사를 하는지 분주했다. 측량기사가 측량도구를 가지고 들락거리더니 탱자나무 울타리를 넘어와 우리 땅에 말뚝을 박았다. 그동안 탱자울타리가 곡선으로 휘어들어온 것도 말 못하고 있던 차에 말뚝이 집 안으로 침범했으니 어머니의 걱정이 커질 수밖에. 무슨 일이냐고 물어도 모른다고 하면서 자기들 일만 하고 돌아갔다. 아버지는 먼 곳으로 출퇴근하시다 보니 자연히 어머니가 관공서를 드나들고 옆집 땅주인과 다투는 날이 많아졌다. 그때 어머니는 법적으로 해보자고 나서며 박아나가려는 말뚝과 곡괭이 앞에서 꼼짝도 않았다. 저렇게 강한 어머니의 모습을 본 적이 없는 우리들은 일이 잘되기만 기원했다.

가만히 당할 수만 없는 일이었다. 애초부터 많은 문제가 있던 땅을 사촌오빠의 간청으로 사들인 터라 신경 쓰이는 일이 잦았다. 앞집은 우리 땅보다 지대가 높았는데 툭하면 흙을 울타리로 밑으로 밀어 넣는 바람에 말뚝이 기울어지고 우리 밭으로 흙이 넘어왔다. 경로당에서도 탱자나무 길을 넓혀달라며 왕복차선을 요구했다. 길을 내어준 터라 이미 난 길은 막을 수 없지만 더 이상 양보할 수는 없었다. 어느 때는 한전에서 전신주를 탱자나무 안쪽에 세우려고 했다. 아무런 예고도 없이 시작하였기에 기가 막힐 노릇이다. 어머니가 집을 비우지 못하는 것도 언제 무슨 일이 일어날지 모르기 때문이라고 하신다. 땅을 사가는 것도 아니고 여자라고 우습게 여겨 함부로 대하던 사람들이 한발 물러서기까지 어머니는 오로지 탱자나무가시처럼 맞섰다. 그 무렵 어머니는 무척 단호했고 치열하게 싸운 끝에 어려운 일들을 풀어갔다.

외딴집이라 대문이 열려 있는 날은 험상궂은 사람이 집안을 휘휘 훑어보거나 물건을 강제적으로 팔려고 하든지 뭔가 수상한 기미가 보이는 이들이 들어왔다. 닭을 잃어버리고 개가 죽은 다음 밤중에 도둑이 부엌문을 여느라 달그락거리는 소리에 놀랐던 일도 있었다. 처마를 달아내어 세를 놓게 된 것도 그 때문이다. 여자 혼자 외딴집을 지키는 일이 만만찮았을 테다. 어머니는 딸들이 모두 귀가할 때까지 신경을 써야 하니 온통 가시를 내뿜을 수밖에 없었으리라.

탱자나무는 온몸에 가시가 돋쳐 있어서 사뭇 적대적이다. 탱자를 따려고 손을 밀어넣었다가 호되게 당해본 사람들은 안다. 할퀴고 찔린 곳에서 피가 나고 생채기에 남은 딱지가 한참 간다는 것을. 그러니 서리꾼들이나 짐승들도 함부로 덤비지 못하게 생울타리로 심어졌을 테다. 어릴 때 예수의 머리를 감싸고 있는 가시는 탱자나무라고 믿었다. 그 아픔이 몸서리치게 끔찍하게 전해왔다. 우리를 불쌍히 여겨 저렇게 아픈 것을 견디는 거라는 말에 슬펐다. 온몸으로 가정과 자식을 지키는 어머니의 모습과도 닮았다.

그 집에서 우리들은 자랐고 결혼도 했다. 그 울타리 안에서 탱자 열매처럼 익어간 것이다. 탱자나무 길에 서 계신 어머니는 친정을 다녀가는 딸의 뒷모습에 오래도록 눈길이 머문다.

이명

매미가 운다. 숨 막히는 땡볕을 피해 플라타너스 나무에서 목마르게 울던 그 소리다. 아니, 솔잎 끝에 베인 바람소리같이, 때로는 먼 여울물 소리처럼, 어느 때는 천상에서 들려오는 소리 같다. 불을 끄고 자리에 누우면 내 귀가 듣는 소리다.

언제부턴지 잘 모르겠다. 사방이 고요해지면 들려오는 소리는, 밤이 되면 더욱 또렷해진다. 가만히 귀를 기울이면 세상의 소리들이 합창을 하는가 싶다. 물비늘 위에 반짝거리는 저녁햇살처럼 세상의 소리란 소리들이 모여 멋진 하모니를 이룬다. 가느다랗게 들려오는 소리들이 물결인 양 리듬을 타고 가까웠다가 멀어지기를 반복한다. 순간 몸은 가벼워지고 밤하늘 높이 상상의 나래를 펴는, 나만의 즐거움을 누린다.

세상에는 온갖 전파들이 많아서 빛살처럼 온몸을 감싸고 지나가는가 싶다. 라디오와 텔레비전 그리고 인터넷에서 쏟아내는 수많은 전파들을 볼 수만 있다면, 번데기를 감싸고 있는 누에고치같이 복잡하지 않을까? 나는 번데기처럼 우화를 꿈꿀지 아니면 실을 뽑고 남은 번데기가 되어 좌판 위에서 손님을 기다릴지. 멀어서 듣지 못할 뿐이지 아이의 귓속말에서부터 문 여닫는 소리, 물소리 바람소리 등 소리란 소리들을 모아보면 엄청나리라. 비록 그것들을 해독하지 못하지만 교신을 주고받는다는 엉뚱한 생각에 빠져들기도 한다.

어둠에 익숙해지니 눈이 훤해진다. 우윳빛 창은 먼동처럼 희붐하다. 스며든 엷은 빛에 전등갓은 그림자를 거느리고 벽과 천장이 드러났다. 텔레비전과 옷걸이에 걸린 옷이며 흩어진 책들은 조금씩 다른 농도의 어둠으로 부드러운 윤곽이 드러난다. 내 몸이 어느덧 가벼워지면서 밤하늘을 유영하며 공상하는 동안 수많은 이미지들이 스쳐간다. 또 다른 즐거움이다.

나보다 한참이나 젊은 지인은 철길을 지나는 기차 바퀴 소리가 들린다고 했다. 철거덕 철거덕……. 사람마다 들리는 소리들이 다르다는 말을 덧붙인다. 소리는 사라지는 것이 아니라 듣지 못하는 것인가 보다. 그 많던 소리들이 어둠 속에 있을 때 되살아났고, 저마다의 빛깔을 지니고 들려오는가.

지난여름에 보았던 밤하늘의 별들은 꽃밭이었다. 알이 굵은 별들이 쏟아질 듯 머리 위에서 빛났다. 그때 어미젖을 빠는 아이처럼 입맛 다시는 소리를 기슭에서 들었다. 물결은 찰싹찰싹 바위를 핥았다. 조개들이 숨을 쉬리라. 분주하던 한낮의 움직임들이 어둠에 묻히자 낮 동안 숨었던 소리들이 말문을 연 것이다.

귀를 막아 보았다. 소리는 여전하다. 정수리에서 소리가 나는가? 스위치를 켰다. 방안이 환해지고 모든 것이 선명하게 제 모습을 드러냈다. 소리들이 빛에 밀려가는 걸 보니, 청각은 시각보다 무딘가 보다. 잠들지 않은 고양이는 무얼 발견했을까? 바퀴벌레라도 보았는지 귀를 세우고 문틈을 노려보는 눈이 빛난다.

잠은 멀리 도망갔으니 무얼 하며 밤과 놀아야 할지. 추억의 소리들을 하나씩 들려준다면 이 밤을 새운들 서운할 것도 없겠다. 이순耳順이라는 말처럼 내 귀가 순해지고 세상의 소리에 귀를 기울이라는 뜻으로 이명이 찾아온 것이라면 거역할 수 없지 않은가. 꽃이 피고 지는 소리, 별이 웃고 우는 소리가 덤으로 따라오지 않을까.

집

집이 아프다. 여기저기가 들썩거린다. 밖으로 나다니는 동안 돌보지 않았더니 이제 구석구석 살펴달라고 외친다. 안방인가 싶어 열어보고 건넌방을 휘이 돌아 나와 대청마루에 서 본다. 반질거리던 마루는 어느덧 빛을 잃고 엷은 먼지 위로 고양이 발자국처럼 검은 꽃이 피었다. 딱히 어디가 탈이 난 것인지 모르겠으나 집 전체가 우는가 싶다.

든든한 버팀목이었던 기둥들이 등 굽은 아버지처럼 작아 보인다. 내 집이 이렇게 작았던가. 윤이 흐르는 검은 기왓장들을 거뜬히 받쳐 올려 넉넉한 품으로 감싸주었던 곳인데. 불끈불끈 솟아오르는 도시의 건물들과는 어울리지 않는 풍경 하나가 스친다. 아파트 단지의 촘촘한 건물들 사이로 철거되지 않아 섬처럼 남은 초라하기 그지없는 집이다.

살구꽃이 피어 담 너머로 연분홍빛을 흘리며 마냥 향기를 뿜어내던 그 시절, 작고 보드라운 아이를 품어 안으며 우윳빛 가슴을 풀어헤쳐 보이던 곳이다. 딸랑이와 밥숟가락이 노랫소리가 되고 앳된 언어들도 여물어 갔다. 그곳은 에너지가 늘 샘물처럼 솟아올랐다.

먼 곳을 향해 늘 열려 있는 창은, 집밖으로 나간 남편과 아이들을 기다렸다. 그리고 바깥 풍경마저도 집인 줄로만 여겼다. 아이들이 머무는 교실이며 운동장과 돌아오는 길목들, 먼 곳에서 일하던 직장이며 아이들이 바라보는 세상이 다 집이었다. 때로는 먼 우주까지 시선이 열리던 곳이다.

세상은 눈길이 가는 만큼 이곳으로 스며들었다. 모든 부분들은 예민한 감각으로 통통 튀어 오르고 뜨거워졌다. 계절이 묻어오고 세상의 소문들도 실려 왔다. 비 오고 눈 내리는 날에는 뜨신 온돌과 구수한 밥 냄새를 찾아 식구들의 귀갓길이 빨라졌다. 언제나 이곳에서 기운을 회복했다. 여기 머무는 동안 식구들의 숨결은 골랐다. 지금은 푸르고 싱싱한 근골로 떠받들어온 세월을 추억한다.

몸져누웠던 날, 뼈마디들이 욱신거리는 통증을 느끼며 몸집을 들여다보게 되었다. 그림자를 눈치채지 못하듯 그동안 몸의 존재를 잊고 살았다. 이 작은 뼈가 이루고 있는 몸집이 내 정신이 머물렀던 곳인가. 거죽으로 검은 꽃이 피어오르고 피돌기는 생기를 잃어가지만 본러의 나와 만나게 되었다.

집은 그동안 자신을 봐달라고 계속 신호를 보내고 있었다. 여기저기 조금씩 탈이 나기 시작한다. 이 보잘것없는 뼈대 속에서 수많은 일들을 해내느라 많이 헐거워지고 누추해졌다. 부쩍 작아진 몸집이 우는 소리에 귀를 기울이니 슬픔이 놀빛처럼 번진다. 마음도 덩달아 허약해지나 보다.

낡아가는 집을 어루만져 조금씩 손보며 더 깊이 사랑할 때다. 허물어지는 속도와 함께 손때 묻은 것들에 대한 소중함은 더욱 깊어지리라. 함부로 써버린 것들을 다독다독거릴 날이 더 많을 것 같다.

둥둥 우렁이 껍데기 떠내려가다

꼬들꼬들한 살점 하나가 입안에서 겉돈다. 미역 속에서 건져올린 검고 흰 살점을 오늘 따라 베어 물지 못한다. 그건 아직 한번도 먹어보지 못한 기억과 함께 흥건한 논물에서 흘러나와 둥둥 떠내려가는 빈 껍데기 때문이다.

다슬기와는 달리 웅크리고 있는 나선형의 우렁이를 떠올리면 징그럽다. 뿔처럼 뾰족한 다슬기는 윤기가 나고 앙증맞다. 삶으면 푸른 물이 돈다. 쌉쌀하니 쫄깃한 맛도 좋지만 탱자나무 가시로 살을 빼먹는 재미가 있다. 해질 무렵 강가에 나가 자갈에 붙어 있는 다슬기를 잡느라 다리를 둥둥 걷어올리고 잡다보면 자꾸만 깊은 곳으로 들어가서 어느새 옷이 다 젖어버린다. 그러면 뜨뜻해진 물속에 푹 앉아 멱까지 감아버린다. 보름에는 달이 밝아 속살이 빠졌다고 해서 그믐에 잡는다는 말이 있다. 맞는지 모르겠지만 그때는 재미삼아 하는 놀이였을 뿐, 어른들이 잡아온 것들을 가지고 국을 끓였다. 식구들이 빙 둘러앉아 속살을 빼라고 양푼이째 놓으면 입으로 들어가는 것이 더 많았다.

같은 외투막을 가졌음에도 우렁이를 먹는다는 것은 영 구미에 맞지 않았다. 논이나 도랑의 진흙 위로 더듬이를 수염처럼 펼쳐 배다리로 기어가는 미련한 덩저리 탓만은 아니다. 이맘때쯤이면 들판은 누런빛으로 바래고 무거워진 이삭들이 고개를 숙이거나 베어져 눕든지 일찌감치 타작을 했다. 사방에서 벼메뚜기들이 톡톡 튀어 오른다. 물이 졸아든 도랑에는 구멍이 숭숭 뚫리기 시작한다. 어른과 아이들은 도랑을 헤집으며 논우렁을 진흙 속에서 집어 올린다. 뚜껑이 안으로 빨려들 정도로 입을 꽉 다물어 돌멩이처럼 양동이 속으로 땡그랑 떨어져도 꿈쩍하지 않는다. 다들 어떻게 요리를 해서 먹나 궁금했다. 나는 어머니가 차려주신 식탁에서 우렁이 반찬이 올라왔던 기억이 없다.

소달구지들이 분주하게 오가는 신작로 옆으로 타작하는 소리가 높아지면 들판에서는 분칠한 듯 뽀얗게 티껍을 덮어쓴 아저씨들과 수건을 두른 아낙들의 새참을 먹는 모습이 늘어난다. 도시에 직장을 가진 사람은 드물고 농사가 대부분이었던 시절이다. 신작로를 따라 등하교를 하는 아이들은 미루나무처럼 쑥쑥 자라 상급생이 되었고 중학교, 고등학교를 다니느라 만원 버스에 올랐다. 차장이

'오라이' 소리를 외치며 차문을 두드렸다. 도시로 나가는 사람들이 늘어나자 신작로에는 아스팔트가 깔리고 일차선이 팔차선으로 늘어가면서 옛날의 골목들은 사라져갔다. 그 자리에 도시가 밀려들어와 앉고 우리 육남매를 키우시던 어머니는 어지간히 힘이 드셨나 보다.

아마 저녁 무렵일 테다. 아니면 이부자리를 펴고 누웠을 때일까.

"살이 다 파 먹힌 우렁이가 껍데기만 물 위에 둥둥 떠가는 것이 부모와 같다."

흐릿한 기억 속에 하필이면 그 말이 진흙 속인 듯 묻혀 있다가 불쑥 솟아올랐을까. 그때는 그 말의 뜻을 몰랐다. 아니, 우렁이 각시도 있는데 하필이면 빈 껍데기의 우렁이냐고. 우렁이 각시야말로 유년의 기억 속에서는 믿고 싶은 동화였다. 어느 날은 우렁이를 물독에 넣어두고 늦은 밤 정말 우렁이 각시가 나왔다가 가는지 불이 꺼진 부엌문을 몰래 열어보고 또 보았다. 그 소망을 이루지는 못했지만 언젠가는 다녀갔으면 하는 바람이 한동안 지속되었던 건 사실이다.

어머니의 말처럼 우렁이는 제 몸에 알을 낳는 주머니가 있어서 어미는 제 살점을 새끼들에게 아낌없이 주고 빈 껍데기가 되어 조용히 물에 떠내려간다는 말이 있긴 하다. 모심기를 끝낸 뒤에 흥건한 물 위로 우렁이 껍데기가 떠다니는 걸 보면 틀린 말은 아닐 테다. 지금이야 농약 때문에 우렁이를 만나기도 어렵지만 어릴 적에는 백로가 우렁이를 잡아먹으려고 내려왔다가 논 가운데 우두커니 서 있는 풍경은 익숙하고도 아름다웠다.

우렁이는 둥지를 멍에처럼 짊어지고 살아야 하는 운명을 타고 났다. 그 부드러운 살갗으로 한세상을 살아내기에는 연약하다. 진흙 위를 배밀이 하면서 한생을 끌고 갔을 우렁이. 한 번에 팔십 개쯤 되는 알들을 둥지 안에 쟁그럽게도 많이 낳아 기르자니 얼마나 힘에 부쳤을까. 그 느리고 겁 많은 것이 어느 틈에 물풀과 이끼를 만나고 장구벌레를 잡을 수 있었을까. 소박한 밥상으로 배를 채우고 숱한 새끼를 길러냈을 우렁이가 그렇게 부대끼다가 생을 마감한다니, 말귀도 못 알아듣는 어리숙배기 시절이 떠올라 화끈거린다.

어머니가 하신 그 말씀이야 무슨 뜻인지는 알지만 자식들을 키우며 사는 고단함을 가늠할 줄 몰랐다. 그저 힘들어서 하는 말인가 여겨 귓등으로 넘겨버렸다. 당시 어른들은 철이 들었다는 말을 자주 썼던 것 같다. 머리를 쓰다듬으며 하는 그 말은 엄청 대견하고 자랑스럽다는 말이 내포되었으니 대단한 칭찬이며 자랑으로 여겼다. 빨리 철이 들려고 했지만 철의 정확한 의미를 모른 채 막연하게 시간이 흘렀을 뿐이었다. 몇 달 전부터 어머니는 골절로 누워계신다. 어머니에게 아무것도 해드리지도 못하고 전화만 거는 나는 괜찮다는 말만 믿는 어리숙배기다.

어머니는 우리 육남매를 다 떠나보내고 빈 둥지로 남아서 야위어가는 중이다. 그저 자식들의 안부가 궁금해도 참는다. 어쩌다 걸려오는 전화 목소리에 그동안 비워진 곳간이 채워지는지 목소리에 생기가 넘친다. 나도 남매를 키워 다 내보냈다. 목소리만 들어도 그저 반갑다. 얼굴이라도 보는 날은 한 달쯤은 약효가 남아 견딜만하다. 그런데 그 약효가 그다지 오래가지 않아 걱정이다. 마음은 벌써 늦가을 바람이 옷 속으로 헤집고 들어와 한기마저 느껴진다. 아무리 껴입어도 따뜻하지 않다. 지난날 살을 깎는 고통의 시간이 오히려 충만한 시간이었음을 추억하기 때문이다.

오늘 우렁이미역국을 먹으며 하필이면 그때의 그 말씀이 떠올랐을까. 어머니의 빈집을 들여다보며 내 빈집이 거기 들어앉는다. 그때 그 말씀도 따라온다. 우렁이의 살점들이 내 입속에서 맴도는 동안 빈 껍데기들이 가물거리며 둥둥 떠내려가는 풍경이 흐려진다.

고봉밥

밥이라고 말하는 순간, 손바닥으로 밥그릇을 감싼 듯 온기가 느껴진다. 그리고 구수하고 싫증나지 않는 밥 냄새가 피어오르는 김에 실려 은은하게 코끝에 스민다. 이보다 더 따뜻한 말이 있을까. 고봉밥을 퍼주는 엄마를 떠올리는 한 더 이상 외롭지 않으리. 그리고 따뜻한 아랫목이 기다릴 것이다. 바람 불고 냉기가 온몸을 번데기처럼 오그라들게 하더라도 밥을 떠올리면 기다리는 사람이 있다.

하굣길은 늘 허기가 져 있었다. 허둥거리는 걸음으로 방문을 열고 들어가 "엄마 밥!"이라고 소리친다. 그때 엄마가 차려주는 밥은 달았다. 반찬투정은 몰랐다. 김치와 된장찌개에 텃밭에서 난 푸성귀만으로도 배가 불렀고 행복했다. 그러나 엄마가 안 계시는 날에는 그렇게 서러울 수가 없다. 화가 났다. 찬장을 뒤져서 요기를 하지만 그도 없으면 삶아놓은 깡보리쌀도 먹을 수밖에. 무쇠도 녹인다는 한창 때였으니. 이맘때쯤이면 사각 유리창 안에서 김이 모락모락 피어오르는 찐빵과 골목 귀퉁이에서 굽는 팥 앙금이 든 국화빵을 떠올린다. 주머니 속의 동전을 만지작거리며 차비를 제하고 남은 돈을 헤아리지만 모자라기가 일쑤였다.

겨울다운 매운바람이 거리를 쓸고 다녀 상가들마저 초췌한 풍경이다. 냉기를 견디며 그늘만 한 너비의 자리 위에 펼친 시든 채소와 아낙의 움츠린 모습이 시리다. 깃을 세운 사람들의 걸음이 바쁘고 팔다 남은 채소들에는 눈길이 머물지 않는다. 그녀를 위해 떨이를 해줄 엄두도 내지 못하면서 어서 집으로 돌아가 언 몸을 녹였으면 하는 생각을 해 본다. 기다리는 식구들에게 따뜻한 밥 한 공기를 지어 올리는 것을 보람으로 여기며 마지막손님을 기다리는 걸까.

세밑이라 행사들이 빈번하다. 흥청거리는 분위기에 젖었다가 돌아오는 길은 더 적막하다. 따뜻한 밥 한 그릇이 그리워진다. 계절을 모르고 밥상에 오르는 남새와 생선들은 넘쳐나지만 어머니가 차려 주신 그런 소박한 밥상을 받고 싶다. 그동안 가족을 위해 수없이 밥상을 차려왔었지만, 누군가 온전히 나를 위해 지은 따뜻한 밥 한 그릇이 그리운 것이다. 텅 비어있는 마음 한 구석을 채워줄 사람이 그리운 것이다

그래서인가. 지금도 생생하게 기억이 난다. 울릉도에 도착해서 배에서 내리는 길이었다. 웅성거리는 사람들의 무리 속에서 앞서 가는 친구의 이름을 불렀지만 이내 사람들 속에 묻혀 보이지 않았다. 그곳은 내가 보았던 섬이 아니다. 먼저 간 사람들은 사라지고 앞을 턱 막아선 산은 무인도처럼 낯설었다. 저물 무렵에 숙박시설도 없는 그곳은 오래된 풍경처럼 텅 비어 있었다. 갑자기 무서웠다. 급히 휴대폰 단축키를 눌렀다. 손자의 목소리가 들린다. 곁에서 아들이 거드는 소리도 함께 들려왔다. 일 번이 아니고 이 번이었나? 며칠 전에 꾼 꿈이었다. 내가 왜 그곳에 갔을까? 바깥 날씨가 추워진 탓인가, 아니면 성글어가는 계절에 나도 빈 가지처럼 서 있는 걸까.

두 손에 따뜻한 고봉밥을 감싸며 마주 앉은 이와 눈을 맞추고 싶다.

고양이 인사법

며칠 전 신기한 장면을 봤습니다. 어쩌면 나만 몰랐던 일인지도 모르겠습니다.

우리에 갇힌 고양이의 동그랗게 뜬 눈에 팽팽한 긴장감이 돌았습니다. 조심스레 다가가서 손을 내미는 주인을 향해 느닷없이 앞발을 내미는가 싶더니 비명소리가 들렸습니다. 장갑을 벗으니 손가락에 핏방울이 맺혀 나왔습니다. 이 년 동안 길렀던 고양이가 말입니다. 배은망덕이라고요?

낳은 지 며칠 되지 않은 새끼를 어미가 높은 곳에 물어놓자 주인은 새끼가 떨어질까 걱정했답니다. 통을 마련하여 바닥에 수건을 깔고 새끼 세 마리를 옮겨놓았습니다. 어미는 자꾸 새끼를 물어다

올립니다. 주인도 자꾸 새끼를 내려다 놓았습니다. 어미가 그만 이빨을 드러내며 발톱을 세워 할퀼 듯이 앙칼지게 소리를 지르는 바람에 놀랐습니다. 하도 사납게 굴어 겨우 우리에 가두었습니다. 고양이가 변해버린 겁니다. 가까이 다가갈 수 없으니 일주일이 되도록 먹이를 줄 수가 없고 배설물마저 치우지 못해 집안은 악취가 진동했습니다. 새끼들은 빈 젖을 빨고 아무것도 모르는 듯 자고 있네요. 주인은 애가 타 안절부절못했고 근심이 점점 깊어졌습니다. 주인을 몰라보니 어미 고양이가 야속할 테지요.

수소문 끝에 고양이전문가를 모셨습니다. 한참 동안 어미를 바라보다가 이름을 부르면서 눈을 천천히 감았다 뜨기를 몇 번 되풀이했습니다. 서릿발 같던 눈동자가 풀리며 어미도 그녀를 따라 눈을 감았다 뜹디다. 주인도 따라 해보았습니다. 주인에게도 눈을 깜박하네요. 드디어 어미가 마음을 열었습니다. 고양이와 소통하는데 눈인사법이 있다는 것을 처음 알았습니다. 이렇게 간단하게 해결될 문제를 왜 진즉 몰랐을까요. 고양이와 대화가 된다니 놀랍습니다. 고양이에게도 언어가 있다는 말이네요. 고양이와 소통하는 인사법을 어떻게 알았을까요. 향기요법을 마친 뒤 비로소 어미가 우리 밖으로 걸어 나와 주인 곁에 눕지 않겠습니까. 역지사지가 여기에도 적용되네요.

주인은 나처럼 그저 애완동물이니 낮보아 고양이의 마음을 읽어내지 못했지요. 내 방식대로 훈련하면 길들여진다고 여긴 모양입니다. 갑작스럽게 돌변한 어미의 태도가 답답하고 조급한 나머지 온갖 지혜를 짜내게 되었나 봅니다. 처음에는 막대로 먹이를 창살 앞으로 살살 밀어주니 먹이는커녕 막대를 물고 사납게 흔드는 바람에 질겁했지요. 어쨌든 먹이를 주어야 한다는 일념에 완전무장을 결심했습니다. 헬멧을 쓰고 두꺼운 옷에 장갑까지 끼고 나타난 주인의 모습은 우주복을 입은 듯 우스꽝스럽습니다. 어미는 새끼를 지키려니 걱정이 많은데 주인은 새끼를 자꾸 엉뚱한 곳으로 가져가질 않나 나중에는 우리에 가두고 막대기로 공격하는 것도 모자라 괴상한 차림으로 나타나서 덤비니 견딜 수가 없었을 테지요. 더 이상 예전의 주인이 아니라고 여겼을 겁니다. 오해가 깊어진 게지요.

어디 고양이뿐이겠습니까. 아이들을 키울 때 아이를 위한답시고 내 방식대로 해석하거나 강요하지 않았던가요. 말로 하면 소통이 다 된다고요? 말한 대로 다 될 것 같으면 이루지 못할 게 어디 있을까요. 아니 머릿속에 있는 생각을 모두 전한다고는 하지만 언어는 늘 미흡하여 오해를 낳고 등을 돌리게 하지요. 아 다르고 어 다를 뿐 아니라 부족한 표현만큼이나 받아들이는 것 또한 마음그릇에 따라 담지 않던가요. 하물며 서로 다른 종끼리야 말해 무엇합니까. 고양이가 내 말을 못 알아듣듯이 나 또한 고양이의 말을 모릅니다. 위하는 것이 어쩌면 괴롭히는 일인지도 모릅니다. 어쨌든 오해가 풀려 다행입니다.

내게는 열 살 된 '몽실이'라는 고양이가 있습니다. 나도 '몽실아.' 부르며 초록 눈을 향해 눈인사를 해 보았습니다. 슬그머니 외면하네요. 소통에 문제가 없는데 새삼스레 웬 인사냐고 싱겁게 여긴 모양입니다. 인사성이 없이 오도카니 앉아 도도하기까지 합니다. 평소에는 동그랗게 몸을 말아 얼굴을 파묻고 조는 때가 많아요. 기분이 나키면 뺨으로 내 다리를 쓰윽 문지르거나 옆으로 벌렁 누워 쓰다듬어 달라고 합니다. 늦게 귀가하는 날, 내 발자국 소리를 듣고 현관에서 기다려줄 때는 얼마나 기특한지 몰라요. 말수가 워낙 없어서 눈인사라도 해볼까 했지만 그만 실패하고 말았습니다.

이렇게 늘 알아듣지 못하거나 알아듣는다고 여기며 사는가 싶습니다.

연가시에게 잠을 도둑맞다

메뚜기 속에 실타래처럼 엉켜있던 '연가시'가 내게로 옮겨온 것인가. 그놈이 온밤 머릿속을 헤집고 다니는 바람에 잠까지 도둑맞았다. 눈을 감으면 속살을 파 먹힌 메뚜기의 고통이 전해온다. 제 배를 채울 만큼 채워야 놓아주려나 보다. 남의 속으로 들어왔으면 적당히 할 것이지 너 죽고 나 살자 하니 배은망덕한 정체가 궁금하다.

신문의 칼럼을 읽고 충격과 함께 여운이 오래도록 남았다. '연가시'는 숙주인 메뚜기나 사마귀의 몸에 기생하여 속을 온통 먹어치운다. 주인의 입속으로 처음 들어왔던 양지바른 언덕배기로 가지 않고 물을 찾아가도록 꼬드긴다. 기생충이 숙주를 가지고 노는 것이다. 제가 살아갈 물가에 가서 자기를 놓아주면 주인은 생을 마감

한다. 키워준 것도 모자라 조정해서 물가로 끌고 가다니 안타깝다 못해 괘씸하다.

연가시라는 놈을 검색을 하니 동영상 속에서는 실 같은 것이 제 세상을 만난 듯 물속을 유영하는 꼴이 뻔뻔스럽기 그지없다. 내친 김에 도서관에 들러서 책을 펼치니 메뚜기 몸속에는 철사처럼 얽힌 '연가시'로 빈틈이 없다. 끔찍하다.

세상에 은혜를 원수로 갚는 놈이 또 있을까? 호랑이 새끼를 키운 격이다. 그러고 보니 사람을 쓰러뜨리는 암이라는 무서운 존재가 있었네. 가장 작은 세포가 제 몸집을 실컷 불리다가 저도 함께 가버리는 어리석음이라니. 사람들은 그놈을 찾아내느라 사진을 찍고 조직을 검사하는 동안 두려움을 떨치지 못한다. 강자는 크기로 말할 수 있는 게 아닌가 보다.

뻐꾸기도 뱁새의 둥지에 몰래 알을 낳아 부화시킨다. 털이 채 자라지 않은 새끼는 뱁새의 알들을 밀어내어 바닥으로 떨어뜨린다. 들어온 돌이 박힌 돌 빼내는 격이다. 발톱으로 끌어내리는 그 몰염치함이 한없이 얄미웠다. 시골길에서 만나던 아름다운 뻐꾸기 울음은 더 이상 향수를 불러일으키지 못할 것 같다

글의 말미에 '입덧은 태아가 스스로 자기를 지키려는 생리현상으로, 입덧이 심할수록 튼실한 아이를 낳는데, 태아는 엄마 건강은 아랑곳 않고 뼈와 살을 다 녹여 먹는다. 엄마 뱃속에서는 물론이고 나와서도 속을 썩이니…….'라고 여운을 남겼다. 태아가 자신의 몸

을 지키려는 메시지를 보내는 것이 입덧이라는 말은, 강렬한 열망으로 태어나는 생명에 대한 생각과 함께 나를 돌아보게 했다.

나도 이런저런 일로 부모님의 속을 썩이며 성장했다는 생각이 문득 스친다. 부모님의 꿈을 이루어드리지도 못하고 노쇠해진 부모님에 대해 점점 무심해져가는 나는, 저 연가시나 다름없지 않은가. 부모의 피와 살을 먹고 자란 자식은 어른이 되어 집을 나가버린다. 빈 우렁이 껍데기처럼 둥둥 떠가는 형상을 부모라고 했던가.

과연 필요 없는 해충이기만 한 것들이 있을까? 그들이 살아야 할 이유는 없는지. 메뚜기의 이타적인 행동은 애써 지어놓은 볏논을 축내었던 잘못을 반성이라도 한 것인가. 너 죽고 나 살자했더라면 제 몸을 기꺼이 내주거나 위험천만한 물가로 갈 수 있을까. 그들은 먹이만을 취할 뿐 익충이다 해충이다 편 가르기 하지 않는 것 같다. 비정하지만 저울같이 균형을 잡으려는 것이리. 수많은 생명들이 균형과 조화를 위해 기꺼이 다른 것들의 밥이 되는 것이리.

내 머릿속을 온통 헤집고 다니던 '연가시'에 대한 생각들이 풀려나간다. 한 편의 글이 되어 세상으로 나가 누구에겐가 닿아서 밥이 되어줄 수 있다면 좋으리. 누구의 밥이 되는 것은 서로에게 존재 이유가 될 터. 미워하지 않으련다. 누군가를 키워내는 모성이 있는 한 모두에게는 존재 이유가 있으리라.

내 손가락이 바쁘게 자판기를 두드리자 '연가시'처럼 술술 풀려나오는 자모음들.

ㅇ ㅕ ㄴ ㄱ ㅏ ㅅ ㅣ……………………………………………………………………모니터에 글자들이 소복이 쌓인다. 마음껏 유영하는 날을 꿈꾸며 제대로 자란다면, 내 기꺼이 시냇가로 가서 너를 낳으리.

눈이 뻑뻑하다.

갈맷빛에 물들다

나는 아직 그 매혹적인 빛깔을 만나지 못했다. 아니, 어쩌면 보았어도 알아채지 못하는지도. 언제부턴가 가슴속에 들어와 앉은 그 빛은 가을 하늘이 되었다가는 먼 바다가 되는 환상의 빛깔이었다. 천연염색을 시작한 후로 마음속에 갈매나무 한 그루를 품었다.

왜 이다지 갈맷빛에 몰두하는지. 아직도 현실에 발을 제대로 디디지 못하고 있는 건가. 여기저기 몸에서 불협화음이 들리는 나이다. 오름이라는 말을 들으면 가보고 싶고, 호젓한 길가에서 작은 풀꽃들과 눈이 마주치면 주저앉게 되니 다분히 그렇다고 할 만하다. 밥이 되는 일을 하거나 복잡하게 계산하는 데 골머리를 썩히기보다는 별 소득도 없는 일에 부쩍 호기심이 많다. 모르기 때문에 보이지 않기에 궁금증이 더 커진 셈이다.

갈맷빛이라고 가만히 읊조려 보면 가슴이 부풀어 오른다. 그 말에는 매끈하게 쏙 빠진 세련미가 넘친다. 따뜻하기보다는 시원스럽고 형이상학적인 이성의 냄새가 풍겨나는 빛깔이라고나 할까. 꿈 많던 시절에 접했던 '갈맷빛 하늘이라든지 저 눈부신 햇빛 속에 갈맷빛의 등성이를 드러내고 서 있는 여름 산山 같은' 시구들은 나를 환상의 세계로 실어 날랐다.

부산에서 처음 바다와 만났을 때다. 푸른 물감을 풀어놓은 듯 고운 물빛은 내 눈과 마음을 흠뻑 적셨다. 저 바다를 내가 사는 곳으로 퍼 오고 싶었다. 여러 번 바다를 찾으면서 바다 빛이 조금씩 다르게 보였다. 청명한 날은 배추잎사귀 빛깔을 띠다가 흐린 날에는 회색빛이 되었다. 사나운 바람이라도 몰아치는 날은 바다의 등뼈들이 사납게 일어나고 허연 거품을 쏟아냈다. 품고 있는 것과 멀고 가까움에 따라 옥빛이나 수박색을 띠지만, 갈맷빛이라고 말하는 사람들은 무얼 보고 말했을까. 그것은 바다를 꿈꾸는 날에만 보게 되는 빛깔인가.

쪽빛하늘이라고 하면 티 없이 맑은 가을하늘이 떠오른다. 그보다 더 멋스러울 때는 갈맷빛 하늘이라고 할 때다. 멀리 아득히 시선이 머무는 곳은 우주와 닿아 있을 것만 같다. 하지만 상상 속에서나 그려볼 뿐이다. 그런데 숲으로 뒤덮인 먼 산 빛도 갈맷빛이라 한다. 바다와 하늘과 산 빛을 한 가지로 말할 수 있을까. 갈맷빛의 의문을 풀지 못한 채 시간 아래에 가라앉았다.

가마솥에 무명을 염색해 입던 어른은 쪽을 두고 하는 말이라고 했다. 쪽만 해도 그렇다. 쪽풀로 색을 내면 연한 하늘빛부터 청명한 하늘빛과 남빛까지 다양하다. 생쪽이냐 발효쪽이냐에 따라 다르고 쪽물에 몇 번을 담그느냐에 따라 달라진다. 화학염에 길들면서 잊혀가는 물감이 되어버렸다. 어른들이 고운 천을 두고 하던 말이 그립다. 오동보라, 치자색, 가지색, 비취색, 지초색……. 익숙한 사물을 끌어와 가장 선명하게 각인되는 색감과 친근한 이름이 정겹다.

어릴 때 심부름에서 난감한 일은 서되 가웃, 너덧 개라는 말을 하면서 심부름을 시킬 경우다. 딱 부러지게 일러주지 않아 난감했다. 대충 넘기거나 애매하여 심중을 헤아리기 어려웠기 때문이다. 재량권을 주고 넉넉하고 포용적인 말이 지금은 그리워진다. 모호하고 혼란스러운 가운데 어느 한곳에 나타난다거나 고정된 색깔이라는 생각을 고집하지 않기로 했다.

사람들은 바다와 하늘 그리고 산을 보며 갈맷빛을 노래했다. 비유는 언제나 맞거나 틀리는 말이기도 하다. 청잣빛 하늘이라고 하는데 그런 하늘이 가능한가. 사람들은 문학 작품 속에서 만난 아름다운 말에서 꿈을 키웠을 것이다. '푸른 하늘 은하수' 노랫말에서 말하는 하늘은 밤하늘이다. 어둠의 빛이다. 그래도 아무런 의심 없이 아름다운 정서에 충분히 젖어든다. 하늘을 보며 바다를 떠올리고 숲에서 바다를 읽듯이 하늘과 바다, 숲에는 그 빛이 담겨 있을 것이다.

바다는 수평선 위에서 하늘과 만나 한 빛이 되고, 숲으로 덮인 산등성이 위로 하늘에 닿아 경계를 무너뜨린다. 푸른색은 남빛, 쪽빛, 갈맷빛과 함께 모든 푸른 것들의 어머니다. 갈맷빛은 푸른색의 자식이다. 서로의 속에서 서로를 품고 있는 것을. '푸르다'로 아우르는 색은 너 속에 나, 나 속에 너를 발견하게 한다. 하늘과 바다 그리고 산이 한 빛이 되는 셈이다. 겉모습은 다르나 내면에 품고 있는 빛은 서로를 머금고 있는가 싶다.

갈매는 갈매나무의 열매로 둥글고 짙은 초록빛이라고 한다. 갈맷빛은 초록색의 순 우리말이라니 정이 간다. 갈매나무 줄기에서 푸른 물이 나와 염료로 쓴다. 마치 물푸레나무처럼 물에 풀면 푸른 물이 번져 가듯이, 갈매나무에서 흘러내릴 갈맷빛에 흠뻑 젖어들고 싶다. 언젠가 만나게 될 갈맷빛을 기다리며 가슴에 갈매나무 한 그루 키우고 있다.

애기똥풀로 노란색, 댓잎은 푸른색, 꼭두서니로 붉은색의 물을 들인다. 모든 식물에는 고유한 빛깔을 머금고 있다는 말이다. 내게도 빛깔이 있다면 갈맷빛을 내었으면 한다.

참한 옷 하나 지어 입고 싶다.

2.

익숙하다는 것

먼지가 쌓이는 줄 모르고 있다가 어느 날 농 뒤편에서
솜뭉치처럼 뭉쳐진 먼지들을 발견하듯이 쌓이고 쌓여
낡아가는 것을. 아니 새로워지는 것을. 익숙한 것들에게서
문득 낯설게 다가오는 것들이 어디 이뿐이랴.

페르소나

맞은편 여자가 화장을 한다. 콤팩트를 열어 분첩으로 얼굴을 두드리며 잡티를 지워간다. 고개까지 쳐들고 형광등 불빛을 받으며 어루만지는 손길이 섬세하다. 눈썹연필을 꺼내들고 부챗살처럼 펼쳐진 속눈썹 위로 라인을 그린 뒤 화장 도구들을 주섬주섬 가방에 챙겨 넣는다. 누구를 만나러 가는 길일까.

지하철 안에서는 휴대전화를 만지작거리거나 책을 읽든지 공상을 하지 않는다면 딱히 할 일이 없다. 시선을 둘 곳이 마땅찮은 사람들은 무심한 듯 심각한 듯, 졸음에 겨워하며 무료함을 견딘다. 정물처럼 펼쳐지는 익숙한 풍경 속에 색다른 몸짓이나 차림은 시선을 끌기 십상이다. 가끔씩 보는 이런 광경에 사람들의 눈길이 그녀의 손끝을 따라간다. 집에서나 마쳐야 할 그 여성스러움을 배반한 그녀를 바라보는 시선이 그다지 곱지 않을 테다. 어쩌면 저렇게 당당할 수 있을까. 이 공간에는 오로지 자신만 있을 뿐 마주 앉은 사람들은 소외시킨 익명의 사람들일 뿐이다.

저렇게 서둘러 나왔으니 그녀가 조금 전까지 머물렀을 집안의 어수선한 자리가 그려진다. 설레는 마음으로 분첩을 두드리며 행복한 기분에 젖을 스무 살의 언저리를 들키지 않았으면 한다. 그녀와 만날 사람은 화장하지 않은 민얼굴을 알고 있을까? 눈앞에 보이는 아름다움에 마음이 더 끌릴는지. 그녀가 시선을 아랑곳하지 않고 투명 인간처럼 여겨 무시당한 기분이기는 해도, 어떤 만남을 위해 자신을 가꾸는 일은 그녀만의 일이 아니다.

얼마 전 눈길을 끌었던 조각품이 떠오른다. 엎드려 절하는 남자의 상을 황송한 마음으로 지나 구릿빛 동상의 여인 앞에 멈췄다. 몸이 무척 아름답다. 목선을 따라 흘러내린 곡선은 부드럽고 사랑스럽다. 가녀린 선을 따라가니 가슴이 봉긋하게 솟았다가 군더더기 없이 허리를 지나 내려간다. 그 아래 광택이 나는 가면 하나가 하복부를 가리고 있다. 가면은 세 개의 조각이 퍼즐로 맞춘 듯이 이가 잘 맞는다. 이런 가면을 무도장에 쓰고 들어간다면 멋진 프러포즈라도 받지 않을까 싶다. 작품의 제목이 '페르소나'이다. '연극에서 페르소나는 가면이라고 하는데, 여러 개의 퍼즐을 맞추듯이 이루어진 이 가면은 인간의 성적 욕망을 다양한 모습으로 형상화한 것'이라고 큐레이터가 말한다.

거리에 나서보면 아름다운 여자들의 걸음걸이가 출렁거린다. 패션의 물결에 따라 자신의 개성에 맞게 또는 저마다의 취향으로, 튀거나 더러는 세련되게 또는 우아하게 빛난다. 남자들도 뭇 여성 앞에서 남성미를 뽐내기 위해 근육을 다듬든지 보호본능을 발휘하거나 경제력과 사회적 능력을 자랑한다. 남녀가 어우러진 세상은 아름다운 퍼즐의 페르소나를 떠올리게 한다. 마치 세상은 수수하거나 화려하게 때로는 익살스럽거나 험상궂은 탈을 쓴 사람들이 한바탕 마당굿을 벌이는가 싶다.

누구를 위해 나를 가꾸거나 포장한 일은 없었던가. 가는 곳과 만나는 사람에 따라 나만의 페르소나를 고르고 있는 자신을 발견하게 된다. 아침에 출근을 할 때 근무태도가 나태하다는 인상이라도 받으면 어쩔까 해서 늘 서둘렀다. 학생들 앞에서는 근엄하게 보이려고 했고 반짝이는 눈동자를 마주하며 수업에 열기를 더했다. 더러는 상담자가 되어 미래를 걱정하고 등을 두드려주었다. 퇴근하여 거리에 나서면 멋스럽게 차려입고 쇼윈도에 비춰보는 여자가 되었다. 집은 헐렁한 차림과 민낯으로 있을 수 있는 가장 편안한 공간이다. 남편에게 투정을 부리는 아내가 되지만 아이들 앞에서는 안아주고 보살피는 엄마로 돌아갔다.

관계를 어떻게 맺었느냐에 따라 딸이 되고 스승과 부하직원도 된다. 나는 몇 개의 페르소나를 가지고 있을까. 그것들을 잘만 쓰면 세상과 소통하는 일에 문제가 없었을 텐데, 그러지 못하는 날에는 몸살을 앓거나 속을 썩여 위장은 탈이 난다. 잠자리에서나마 온전한 나와 만나는 것이리.

병원에 가기 위해 지하철에 앉아 있는 나는 속내를 드러내지 않고 짐짓 무심한 척한다. 나만의 포장된 인격으로 잠시 동안 그녀의 행동에 일렁거리는 감정을 누르고 시선을 옮겨버린다. 그 또한 무표정을 가장한 내가 아닌가.

화장을 끝낸 그녀를 바라보던 사람들은 너그러운 페르소나로 바뀐다. 모두가 무미건조한 표정과 자세로 돌아가자 지하철은 다시 익숙한 공간이 된다. 강물이 거울 같은 수면을 간직한 채 흘러가듯이 저마다의 생각 속으로 젖어들거나 시선을 다른 곳으로 옮기며 무료함을 달랜다.

어떤 선택

버스가 방금 떠났는지 전광판에 10분이라는 글자가 떴다. 종일 달구어진 도로 위로 달리는 차마다 한 무더기씩 더위를 끼얹고 지나간다. 길에서 후끈한 열기와 이렇게 싸우게 될 줄이야.

지하철을 타고 간다고 말했던 것 같다. 손을 흔들며 뛰어가는 나를 아쉬운 듯 바라보던 친구의 얼굴이 떠오른다. 횡단보도에 파란불이 켜지는 순간 나도 모르게 뛰었다. 계단이 많은 지하철보다 버스를 타고 시원한 에어컨 아래 앉아서 속도와 흔들림을 느끼며 낯익은 풍경을 바라보는 것도 좋겠다 싶었는데.

인내심이 한계를 오르내리는 동안 버스가 왔다. 입구까지 사람들로 꽉 찼다. 버스 안은 서로가 뿜어내는 체온으로 숨이 막힐 지경이다. 차가 움직이는 동안은 창문으로 엷은 바람이 들어와 그나마 숨통을 열어주었다. 뒤쪽에서 남자의 커다란 목소리가 조용한 차 안을 제압했다. 에어컨을 왜 안 틀어주느냐며 큰 소리로 나무랐다. “미안하다고 말씀했잖아요. 가스충전을 하고 오느라 그리되었고, 아주 안 나오는 건 아니잖아요.” 변명하는 운전기사의 말에는 불편한 심기를 애써 감추고 있었다.

“세금을 받아먹으면 똑 바로 하란 말이다.”

그는 납세를 운운할 만큼 세금이 쓰이는 곳을 꿰고 있든지, 세금 부담으로 스트레스가 심한 참에 술기운을 빌어 하소연하는지는 몰라도, 그의 말은 사뭇 빗나가기만 한다. 조용한 차 안에서 손님들은 두 사람의 대화를 고스란히 들어야 했다.

그동안 손님의 술주정을 여러 번 받아주었던 모양이다. 갑자기 운전기사의 목소리가 착 가라앉았다.

“손님, 이 차를 도저히 타고 가기가 힘듭니까?”

말에 심지가 있다. 분별을 잃은 취객은 상황을 깨닫지 못한다. 했던 말을 하고 또 한다. 기사는 손님들께 양해를 구하고는 휴대전화로 어딘가에 전화를 건다. 취객이 있으니 데려가라는 신고전화를 해버린 것이다.

곁에 섰던 아주머니가 그만 폭발했다.

“늦은 시간 귀갓길이 바쁜데 이게 뭐하는 짓들입니까?”

두 사람을 향해 일갈을 한다. ‘아저씨 때문에 이 많은 사람들이 밤늦은 시간에 붙들려 있어서 되겠느냐.’라고. 한줄기 시원한 바람이 불어오는 듯했다. 그녀도 전화를 걸어 '지금 어디쯤 오고 있느냐 물었고, 저쪽에서는 전화 받은 지 이 분밖에 안 되었다.'는 답이 왔다고 한다. 취객은 여전했고 기사도 마음을 바꿀 생각이 없어 보이는 가운데 지루한 시간이 흘렀다.

조용히 가든지 아니면 내리라는 말이 목구멍까지 올라왔지만 그런 일을 해결하는 데 익숙하지 못하다. 붐비는 도로 위에서 무작정 기다리는 승객들도 드러내어 불평하지는 않았다. 혈기왕성한 대학생들이 대부분이지 않은가. 더러는 휴대폰으로 어딘가에 전화를 걸어 버스에 문제가 생겨 늦어진다고 했을 뿐이다.

그는 술버릇이 잘못 든 것 같다. 곧 파출소로 가게 될 텐데 미련스럽게 앉아 있으니 걱정스럽다. 술은 감각을 무디게 할 뿐 아니라 얼굴마저 두껍게 했다. 취객이 그만 딱해진다. 어쩌면 마음이 가장 여린 사람일지도 모르겠다는 생각이 스쳤다. 쌓인 울분을 술김에 토한다는 것이 장소를 잘못 택한 것이리라.

우리는 한동안 볼모가 되어 더위 속에 방치되었다. 다음 차를 타라는 말을 들었다. 진즉 취객을 타일러보거나 기사를 독촉하지 않은 것이 후회되었다. 기사가 취객을 상대로 한 선택으로 얻은 것은 과연 무엇일까. 나는 내가 선택한 일로 오늘 저녁은 찜찜한 기분에 더위까지 보탠 셈이다.

이렇게 날마다 어떤 선택으로 만들어진 풍경 속에선 저마다의 마음들이 붐빌 것이다.

튼다

'~튼다.'는 말로 시작된 문자 메시지가 도착했다.

갑자기 머리에서 종소리가 울리는 듯하더니 여운이 스며든다. 가슴 저 밑에서 울렁거리며 형체를 이루지 못한 문장들이 순두부 덩어리가 되어 목구멍으로 넘어간다. 나의 글을 읽고 그녀가 화두처럼 느꼈다는 글자가 다시 내게 돌아왔다.

나는 글을 쓰기 시작하면서 사물들과 트고 지내려 한다. 그들과 마주하고 있어도 쉽게 속내를 드러내지 않아서 애를 태우는 시간이 많다. 외면당하거나 미처 가 닿지 못해 자주 실망하지만 쉽게 단념하지 못한다. 무엇인가 가져다 줄 듯하고, 가까이 다가온 것처럼 언어들이 입언저리를 맴돌 뿐 제대로 모양을 갖추지 못하고 사산된다.

그녀가 '~튼다.'는 말에서 느꼈던 뜻이 무얼까 궁금해진다. 아마 솟구치는 마음의 소용돌이를 애써 누르며 발꿈치를 들고 은밀하게 다가가 관계를 트고 있을지. 아니면 스님의 말씀 한 구절에 사무치도록 감동을 받고 깊은 정신세계로 가 닿았을까.

그녀와 대화를 하다보면 가끔 영감을 얻게 된다. 차실에서 안면을 트고 지낸 지 이태쯤 되었을 때다. 찻그릇을 만지며 자신은 '그릇의 달그락거리는 소리가 좋다.'고 했다. 오래전 기억의 창고 속에 갇혔던 달그락 달그락거리는 소리가 귀 울림이 되어 스며들었다.

'달그락 달그락' 소리를 들으며 가물거리는 잠 속에서 빠져나올 때, 눈꺼풀이 창호지처럼 희붐해지고 어머니는 아침상을 보기 위해 아이들의 이름을 부르셨다. 정갈하게 씻어서 가지런하게 엎어놓은 사기그릇들이 침침한 부엌 선반 위에 훤하게 떠오른다. 차갑고 정갈함은 달밤에 목욕하는 여인의 허연 살빛 같다. 머리에 흰 수건을 쓰고 아침밥을 준비하는 어머니. 아궁이에서 사위는 불기운에 밥을 뜸들이고, 솥뚜껑 위에다 그릇들을 따뜻하게 데우고 있었다. 마당에서는 아버지의 비질하는 소리가 들려오고 그렇게 아침이 열리고 우리들은 뜨신 아랫목을 아쉬워하며 이부자리를 걷었다.

마음에 드는 그릇을 사면 얼른 식탁에 올리고 싶어 안달이 난다.

식구들에게 그릇에 어울리는 요리를 담아내어 맛있게 먹는 모습을 보는 것이 얼마나 행복한가. 그들이 내게 다가와 사이를 트고 지내는 동안 모양과 빛깔에 익숙해지고 정이 깊어졌다. 그녀도 아마 나처럼 살림을 하면서 그릇을 매만지는 즐거움에 대해 말했을 것이다.

틈다는 말에는 대상과 처음 길을 여는 뜻이 담겼다. 벽을 트고, 거래를 트고, 안면을 튼다고 말을 한다. 호기심과 같은 관심이 서로를 열고 받아들임으로 사이가 발전하는 법. 다가가서 열리고 받아들이면서 관계를 맺는다는 말이다. 그와는 반대로 사이가 벌어지고 갈라진다는 뜻도 있다. 논바닥이 튼다든지, 일이 잘되기는 텄다거나, '잘살기는 텄나 보다.'라고 하는 말이 있는 걸 보면, 열고 받아들임에 무리가 가서 관계가 깨어질까 조심하라는 뜻이 내포된 것인가.

달그락달그락 소리를 들으면 존재가 깨어있다는 느낌이 든다. 이른 새벽 부엌에서 들려오는 그릇 소리는 들으며 어머니의 마음과 소통하고, 늦은 밤 마당을 쓸고 가는 바람소리나 집이 우는 소리를 듣는 것도 그러하다. 살아서 깨어 있는 자와 주고받는 대화로 잠자는 에너지에 불을 붙이는 시간, 샘처럼 영감이 자꾸만 솟아나리라.

사람들과 트고 지내는 일에 지나치면 틈이 생긴다. 상대를 대할 때는 사기그릇처럼 소홀함이 없이 대해야 하리라. 아무리 깨어지기 쉽더라도 달그락달그락 어루만지는 소리가 나는 동안에는 이가 빠지거나 쨍강 깨지지는 않는다. 가족을 위해서 밥을 담고 반찬을 내어놓거나 지인을 위해 따뜻한 차 한 잔 올리듯이 어루만지며 산다면 맛깔스러운 삶이 아닐까.

그러고 보면 내 곁에서 언제나 달그락 소리가 났고 나와 트고 지내자고 말을 걸어왔던 것 같다. 내 아이가 그랬고 지인과 이웃들이 그랬다. 아이들 말에는 귀를 기울이는 편이지만 무심히 지나쳐버린 날이 많았다. 더구나 신문이나 방송을 통해서 전해오는 말에 대해서는 먼발치에서 바라만 보았다. 고요해지거나 외롭거나 힘들어질 때 비로소 내게로 오는 달그락 소리들. 얼마 전 그녀가 사업하느라 혹독한 대가를 치렀던 일도 손 놓고 바라만 보았다. 물꼬가 터진 듯 토해내는 말은 절절했다. 매미가 허물을 벗듯이 달라진 그녀의 모습을 본다. 명상하면서 내면을 밝혀가는 얼굴에서 애기부처의 모습이 보인다.

내게 말을 걸어오는 달그락 소리들을, 조용할 때나 소음에 묻혀 들리지 않을 때나 귀를 열어놓아야 하리. 나무와 새들, 그리고 내 곁에 머문 사람들과 말을 트면서 깊어지고 싶다. 그녀가 보내온 문자메시지 '튼다'가 드디어 두부모처럼 형체를 이루는가 싶다.

익숙하다는 것

눅진한 습기로 풀기 빠진 옷처럼 몸이 처진다. 나가보았자 더위만 먹을 것 같아 집 안에만 틀어박혀 있었더니 하루가 무척 길다. 벨이 울린다. 퇴근하는 남편인가 보다. 문을 열고 들어오면서 쳐다보는 나를 향해 '육십 년 묵은 여우가 앉아 있네.'라고 한다. 이 무슨 엉뚱한 소린가. 나도 모르게 웃음이 푸욱 나온다. 능구렁이가 된 것인지 '육십 년이나 묵은'이란 말이 묘하게 다가온다. 여우와 육십 년은 도무지 어울리지 않는 말이지만 육십은 나와 연관이 있는 단어가 아닌가.

가끔 엉뚱한 말로 웃게 하지만 어째서 그런 비유가 느닷없이 나왔을까. 부부는 늙어도 상대를 처음 보았던 아름다운 모습으로 착각하며 산다고 했다. 나이 들어도 얼굴을 늘 맞대고 살다보니 변화를 눈치채지 못한다고 했는데. 더위를 덜어보려는 나의 헐렁한 차림 탓인가. 내게서 나이를 읽어버린 것이다.

마음은 아직 청춘이라고 내세울 자신이 없다. 그다지 즐겁지는 않지만 오랜 시간 같이한 동지로서 신의는 보인다. 무심에서 유심으로 갈 때 재발견한다. 우린 참 오랜 시간 같이했구나. 맹렬하게 비난하고 싶지도 않다. 그러는 자신은 거울도 안 보는 남자인가. 가만히 보니 60년 묵은 늑대구만. 숱이 많던 머리는 잔설이 남은 겨울 숲처럼 훤히 들여다보이고 윤기나던 피부는 바람이 잦아드는 풍선처럼 탄력을 잃었다. 이빨이 빠진 늑대다. 한 삼십 년 동거하면서 자존심 대결의 치열함과 생존을 위한 날카롭던 신경은 무디어지고 여유로워졌다.

이곳은 내 오랜 텃밭이다. 가꾸어 길러내었던 소중한 열매들이 한 세대 전에 내가 그러했던 것처럼 그들의 둥지를 틀었다. 비록 볼품없어지긴 했어도 묵힌 만큼 초연해진 것인가. 못에 사는 오래된 이무기가 된 기분이다. 조금 화라도 내어 볼 걸 그랬나. 꼼지락거리는 흉내라도 내야 건드리는 사람도 재미가 있을 터. 잠자는 여우가 되는 것보다 분내까지는 아니더라도 꼬리라도 쳐야 하는 게 아닌가. 성의 중립지대로 가는 헐거운 내 모습이 보인다.

내 얼굴은 어쩌면 내 것이 아니다. 보는 이를 위해 있다는 생각을 하니 다행스럽지 않은가. 거울을 늘 눈앞에 대고 산다면 얼마나 주눅이 들까마는 나에게서 미추를 읽는 것도 그이다. 나는 오래

길들여진 익숙함으로 그가 한 말의 수위를 가늠할 줄 알기에 오히려 바라보이는 상대를 측은해 한다. 일상이 엉성하고 미덥지 못해 보이는데 바람막이라도 되어야겠기에 웃어주고 장단을 맞춘다.

가끔 달력을 넘기는 기분 같은 것을 경험한다. 어제 같은 오늘을 지내다가 달력 한 장을 넘기는 날 또 한 달이 지나감을 아쉬워하듯이. 가랑비에 옷 젖는 줄 모르고 조금씩 변화되는 것을 자각하지 못한 탓이다. 가구처럼 늘 한곳에 머물렀다. 먼지가 쌓이는 줄 모르고 있다가 어느 날 농 뒤편에서 솜뭉치처럼 뭉쳐진 먼지들을 발견하듯이 쌓이고 쌓여 낡아가는 것을. 아니 새로워지는 것을. 익숙한 것들에게서 문득 낯설게 다가오는 것들이 어디 이뿐이랴.

다니던 산책길에서 문득 풀벌레소리를 듣고 '처서였구나.' 하면서 더위가 얼마 남지 않았음을 가늠한다. 몸져누웠던 날에 엄마를 걱정하는 아이를 보며 '다 컸구나.' 목이 메던 일도 있었지. 빠져나올 수 없는 고통의 시간을 보낸 뒤 문득 세상이 새롭게 보였던 일도 있었다.

나는 지금 익숙하던 편안함을 덜어내고 싶어 한다. 거리나 숲, 집안이나 지하철, 스쳐간 곳에서 문득 낯설게 다가오는 의미들로 새로워진다면 내 글쓰기는 쉼 없으리.

문구멍

'삐이거억' 솟을 대문이 오랜 침묵 속에서 아프게 열립니다. 봄비에 마당이 흥건하게 젖습니다. 감히 들어갈 수 없는 문을 열고 들어온 것을 나무라지 마세요. 세월이 허락하는 걸요. 종삼품의 얼굴을 쳐다볼 수나 있었겠습니까? 시방은 위엄보다 무거운 침묵이 무진장으로 누르지만, 문구멍으로 그 속을 들여다보고 싶네요. 그것도 냉랭한 침상을 견디는 내시의 안주인을 감시하던 그 문구멍으로 말입니다. 그녀의 아픔을 조금이라도 읽으려는 게지요.

문은 빛이 바래어 소나무 결이 잿빛입니다. 내외하듯이 에돌아진 중문 옆에 눈썹 같은 문구멍이 슬프게 웃네요. 하나만 있다면 속내를 들킬까봐 몇 개를 더 새겨 짐짓 문양인 양 속인 건가요?

신방을 엿보려고 침을 발라 뚫어놓은 방문이 아닙니다. 이쁜 각시가 있다는 것이 얼마나 내시의 자존심을 세워주는 일이기에 자꾸만 들여다보고 싶었나요? 왠지 고개를 젓게 되네요. 아마도 답답함을 견디지 못하고 남몰래 도망이라도 갈까 걱정이 되었던 건가요.

눈앞에 울타리처럼 둘러싼 곳간을 바라보던 안주인은, 가난하던 친정을 떠올리며 입 하나 덜자고 시집온 것을 자랑스럽게 생각했을까요? 비단옷을 두르고 칠보뒤꽂이가 떨리도록 걷는 걸음걸이가 가벼웠을까요? 기름진 밥상을 받으며 하인을 거느리는 일이 좋기만 했을까 싶네요. 그녀에게 허락된 공간은 이 대문 안이지요. 뜰에 꽃이 피고 연못에 고기가 노닐어도 담 너머 세상은 먼 나라 이야기지요. 대문 밖은 친정 부모가 죽어야 나간다고 하네요. 문은 바로 그녀를 가두는 감옥입니다.

컴컴한 대문의 처마 끝에 눈물처럼 맺힌 빗방울이 땅을 팝니다. 회랑처럼 둘러싼 그 많은 곳간들은 비어서 굳게 입을 다물었고요. 뜨락을 한 바퀴 휘돌아보아도 출구가 없네요. 뜰만 휑하니 넓습니다. 여느 아낙들보다 더 지엄했던 규범 때문에 눈물로 옷고름을 적셨을 테지요. 하늘을 보며 한숨을 쉬다가 말없이 앞산을 보며 중심을 잡아갔을 겁니다. 안주인의 동선이 나이테를 그리는 동안 어느덧 머리에는 서리가 내렸겠지요.

그녀의 남편인 당신도 그리 편하지만 않았을 테지요. 높고 아득한 임금의 곁자리를 차지한 것은 가장 소중한 것을 바친 대가지요.

온갖 수모와 권모술수를 그저 받아넘기기란 쉽지 않았을 겁니다. 고운 임이 잠 못 드는 밤이면 외로운 용상을 지켜주었지요. 권세로 업신여기더라도 낯빛을 바꾸지 못하니 울분이 쌓일 만도 하지요. 종일 굽혔던 허리로 집에 오면 아내의 투정을 받아줄 여유가 없지요. 괜히 마음에도 없는 트집이나 잡으며 멍을 키웠을지도 모르겠네요. 아니면 아내의 뜨거운 피를 두려워했는지요?

어느 누가 그 길을 가고 싶었을까요. 모두가 가문의 희생양인 셈이지요. 세속적인 삶을 떠나 스스로 택한 수도자의 길은 아니니까요. 말벗이 그리웠고, 든든하게 뒤를 지켜줄 아이도 원했을 테지요. 하지만 끈끈한 피가 흐르지 않아 늘 미덥지가 못하지요. 문구멍은 어쩔 수 없는 선택입니다. 문양인 듯 아름답게 뚫었지만 눈으로 보아야 마음이 놓이는 그 마음을 어찌 모르겠습니까?

당신들이 떠난 뒤 지탱할 명분이 사라진 오늘에야, 당신의 자손은 자유를 얻었습니다. 지난날을 기억하는 이들이, 그것도 어린애까지 아비의 이름을 부르는 것이 싫어서 가문을 떠났던 건가요? 이제 아이들의 놀이터가 되어 뼈대만 남아 폐허가 되어가니 괴로울 테지요. 당신의 충정처럼 집채들은 아직도 북쪽을 향해 세월을 견뎌내고 있는데 말입니다.

문을 닫고 나오는데 쓸쓸함이 여운처럼 따라옵니다.

— 임당고택에서

얼음 깨기

폭설이 내린 산등성이와 들판을 지나 산촌으로 카메라가 다가간다. 마을은 온통 하얗게 침묵하고 있다. 한 사나흘 그곳에 묻혀 지내고 싶다. 설원 속에 발이 푹푹 빠지도록 걸어보고 뜨신 방에서 눈이 부신 바깥을 내다보았으면. 세상과 단절되고 막혀서 겪게 되는 여러 불편함과 생명들의 혹독한 인내도 이 순간 잠시 잊는다.

아쉽게도 아나운서의 어투는 랩처럼 바뀌어 도로 위의 급박한 상황을 알리고 장면은 돌변한다. 꼬리를 물고 기어가다시피 하는 자동차들의 행렬과 가드레일을 부수고 넘어가 도랑에 처박힌 승용차를 비추는가 하더니 골목길을 위태롭게 걸어가던 아가씨가 벌렁 넘어진다. 외출하려던 마음을 접었다. 먼 경치보다 눈앞에 보이는 현실이 이처럼 다르다니.

싸늘한 냉기로 얼어버렸던 일 하나가 매듭처럼 걸린다. 그녀는 무척 당당했다. 나와는 띠동갑 정도로 아래지만 거침이 없었다. 몸집까지 넉넉해서 사람이 좋아 보이는 인상에다 돈도 제법 벌었다고 한다. 어떤 화제가 나와도 대화의 주도권을 쥐고 있었으며, 좀처럼 끼어들 틈을 주지 않았다. 대부분 상식선에 머물긴 했어도 아는 것이 많았다. 말을 자르며 분주하게 나서는 태도가 늘 마음을 불편하게 했다. 몇 번 완곡하게 말했으나 그다지 바꾸고 싶지 않았는지 그녀의 태도는 여전했다. 어느 날, 그동안 얼었던 수도가 동파되듯이 터지고 말았다. 막무가내로 쏘아대는 그녀의 말에 나이 먹은 내가 우스운 꼴이 되었다. 그녀가 단단한 얼음덩이 하나를 가슴에 품었던 모양이다. 팔월이라면 반갑기 그지없을 얼음이련만.

여름나기가 쉽지 않았던 지난날에 얼음과 씨름했던 일이 떠오른다. 수박화채를 만들어보려고 사온 얼음덩이를 식탁에 얹어놓고 이리저리 궁리를 했다. 목침만 한 얼음은 제 속을 투명하게 내보이면서도 속내와는 달리 살이 닿으면 베거나 미끄러지려고 했다. 손으로 덥석 잡았다가는 쩍 달라붙어 꼼짝 못하게 할지 모른다. 하지만 얼음을 부수지 않으면 안 된다. 칼끝으로 겨누어 치니 손바닥이 되레 튕겨 나온다. 자꾸 양푼이 밖으로 튀어나오려는 얼음덩이를 이번엔 송곳으로 찔렀다. 작은 점 하나 겨우 찍힌다. 깨려고 애를 쓰면 쓸수록 얼음은 더욱 미끄러지기만 해서 자칫하다간 얼음 대신 내가 먼저 다칠지도 몰랐다.

식탁은 흩어진 얼음조각이 녹아 어지러웠고 아이들이 조급증을 내며 수박화채를 기다리는 동안 갈증만 더해갔다. 친구에게 얼음 깨는 법을 물었더니 바늘로 깨라고 했다. 바늘을 잡고 방망이로 두드렸다. 바늘이 부러지지 않게 조심스레 두드려나가니 얼음은 신기하게도 금이 가기 시작했다. 얼음 속에 난 작은 길을 따라 단단한 제 몸을 열어준 것이다. 보잘것없는 이 작은 바늘 하나가 해낸 것이다. 단단할수록 작고 가녀린 것에 약한가. 날카로운 얼음은 잘 익은 수박과 하나가 되어 달콤한 맛을 내었고, 우리들은 잠시 더위를 잊었다.

그녀와 소통하지 못했던 건 무엇 때문일까? 곱게 봐 주지 못한 내 눈길인가. 보이는 면만을 보고 참지 못한 성미 탓인가? 그녀의 속마음을 짚어내지 못하여 얼어버리게 한 모양이다. 미리 잘 감싸 주어 조금씩 내게로 흐르도록 마음을 열어두었더라면 얼굴을 붉히는 일까지 가지는 않았으리. 따뜻한 관심을 그녀에게 보여주지 못한 탓이 크다. 그녀에게 박힌 얼음을 깨뜨리는 일도 의외로 사소한 데 있지 않을까.

나는 지금 방안에서 자꾸 움츠리고 있다. 길이 얼고 마음도 미끄러져 모두가 쩍쩍 달라붙는 겨울은, 뭇 생명들에게 가혹하기만 하다. 혹독한 겨울을 견디는 힘은 봄을 기다리는 마음만큼 간절하리라. 기다림을 끝에 터져 나오는 꽃송이들은 사람의 마음을 움직이고 세상을 환하게 하지 않던가. 머잖아 씨앗들이 단단한 껍질을 뚫고 파란 얼굴을 내밀 것이다. 봄은 겨울을 깨뜨리고 생기가 폭발하는 계절이다. 이 겨울이 성숙의 시간이 되어 단단하게 굳어버린 마음도 깨뜨려 보았으면. 꼬깃꼬깃 접어둔 불씨를 폭죽처럼 터트릴 봄날을 생각한다.

바늘방석

첫눈이 뿌리고 간 날이다. 유난스럽게 우는 새소리에 놀라 고개를 들고 살폈다. 새는 나뭇가지 위에서 매운 바람 끝에 찔린 듯 파르르 떤다. 이파리 하나 없는 빈 가지에 앉은 발이 무척 시려 보이고, 바늘방석에 앉은 것 같이 불안하다.

그러고 보니 저 새처럼 세상도 혹독한 추위를 겪고 있다. 미국에서 일어난 금융 불안이 재앙에 가까운 수준으로 세상을 흔들어놓더니, 우리 이웃들에게도 밀려와 마음 붙일 데가 없게 만들었다. 어쩌다 같은 배를 타서 원치 않은 바늘방석에 앉게 된 것인가. 물처럼 흘러가다가 스스로 커다란 물살이 되어서 가파른 폭포 앞에 서게 된 것이리. 가난한 시절, 어머니의 반짇고리 속에 있던 꽃무늬 바늘방석이 떠오른다. 소박한 꿈을 꾸던 그 시절이 오히려 그립기까지

하다.

잠든 아이들 머리맡에서 양말의 볼을 깁던 날은, 캄캄한 어둠을 몰아내는 작고 노란 육십 촉짜리 등도 따뜻해졌으리. 둥근 모양에 꽃무늬를 새긴 바늘방석에는 이불 깁는 대바늘, 수를 놓는 실바늘, 솔기가 터질 때 깁는 중바늘로 빼곡하다. 사람들의 마음이 상하면 바늘 하나 꽂을 데가 없다는 말은 있지만, 바늘방석은 고슴도치처럼 꽂힌 바늘들로 아름다웠다. 배가 볼록하도록 감긴 실꾸리와 여기저기 불려 다닐 가위며 자투리 헝겊들이 담겨있는 반짇고리는, 가끔씩 우리들의 장난감이 되어 심심함을 덜어주었다. 어쩌다 바늘을 흘린 날에는 느닷없이 일침을 맞게 되는데 바늘방석이 왜 필요한지 실감하게 된다.

동네처녀들은, 시집갈 때 혼수로 가져갈 조각이불과 베갯잇에 수를 놓느라 자주 수틀 앞에 앉았고, 친구들과 수다도 떨었다. 혼자서 수를 놓는 날에는 신랑감을 그리며 달콤한 꿈에 젖어 얼굴을 붉혔으리라.

바늘방석은 예쁘고 다양해서 마음을 홀리게 한다. 어머니들의 솜씨가 어떤 천과 색깔을 만나느냐에 따라 다른 손맛을 보여준다. 고단한 일상에서도 꿈을 잃지 않은 어머니들의 마음이 정성스레 바느질되어 있다. 모양도 다양하여 호리병, 안경집, 거북이, 버선이나 방석 모양을 본뜬 것들이 다양하고도 앙증스럽다. 수를 놓거나 술을 달아서 노리개로 삼은 것은 멋과 실용을 겸비했다.

처녀들의 달콤한 꿈이나 어머니들의 요긴함과는 멀어진 바늘방석은, 규방용품을 전시하는 곳에서 감상하는 처지가 되어간다. 그 중에서 휴대폰걸이가 인기가 있다고 하니 잊히지 않은 것을 그나마 다행으로 여겨야 할지. 바늘쌈지, 바늘겨레, 바늘꽂이, 바늘집이라는 이름마저도 낯설어 멀어지는 듯하다. 반짇고리에 두기에는 아까울 정도로 작고 예뻐서, 노리개로 삼거나 걸어두고 감상한다든지 선물로 받았으면 한다니 못내 아쉽다.

바늘방석이 사라지고 있는 요즈음, 엉뚱한 곳에서 온통 바늘투성이들이 찌르고 있다. 바늘이 있어야 할 자리를 잃은 게다. 바늘방석은 바느질을 준비하는 정거장이다. 지아비와 아이들의 입성을 만들기 위해 꿈꾸는 방이다. 그들에게 바늘집이 필요하다. 제자리로 가는 길은 혼자 가는 길이 아니다. 실과 함께 오가지 않는다면 아무것도 이룰 수 없는 무의미한 길이 된다. 실이 있어서 비로소 빛나는 길이다.

세상을 저 혼자서 살 수 없듯이 귀를 언제나 열어두어야 하리. 설득해서 끌고 가는 길이어야겠고, 개척자의 정신으로 밀고 나가는 힘이 있어야 하겠다. 때로는 공격적이어서, 끊어지고 맺힌다 하더라도 다시 꿰는 수고를 아끼지 말아야 할 때다. 저 누더기 같은 옷으로는 추위를 막을 수 없지 않은가. 해진 옷을 기워주는 실의 마음을 헤아려 인내하면서 두껍고 얇은 천의 실오리들을 하나하나 헤쳐 나와야 좋은 옷 한 벌 지어지리니.

잘 만들어진 옷 한 벌을 지어 이 겨울을 따듯하게 보내었으면 한다. 다가오는 봄날에 새는 둥지에서 그들의 새끼들을 잘 키울 수 있기를. 그리고 저마다의 살림살이에도 봄볕이 들기를.

흥부 신발

너무 많은 것들이 가끔 거추장스럽다. 부둣가의 소문난 집에서다. 푸짐한 조개들을 앞에 놓고 왁자지껄하게 떠드는 소리들이 비릿한 밤바다에 잠기고, 조개와 돈 그리고 어부의 노동과 아줌마의 고단한 삶들이 사람들의 입속으로 들어갔다. 쌓아놓으면 패총이 될 조개더미를 떠올린다.

또 벌집 같은 가게마다 재거나 걸어놓은 그 많은 물건들은 다 어디로 갔을까. 자동차에 실려 가는 소와 돼지의 궁둥이와 케이지 속 닭들의 놀란 눈과 마주치면 고기를 먹지 말아야겠다는 생각이 스친다. 내 집이라고 별반 다를 게 없다. 신발장과 옷장을 열면 밀쳐두고 묵혀둔 것들로 비좁다. 진열장과 냉장고에도 잊힌 것들이 수북하다. 이 많은 것들이 다 필요하긴 한가. 쓰레기가 지층이 될지도 모른다는 걱정에 원시시대로 돌아가야 하는 건 아닌가, 뚱딴지 같은 생각을 해 본다.

며칠 전 남편이 헝겊조각을 찾았다. 조각 천들은 저마다 단풍잎처럼 고운 얼굴로 주인의 손끝이 닿기를 기다리고 있었다. 감물빛 조각을 건네며 이거면 되겠냐고 물었다. 고개를 끄덕이고 간 뒤 한참 만에 들어온 그의 손에는 운동화가 들려 있었다. 코앞에 불쑥 내밀며 어떠냐고 묻는 얼굴이 환하다. 흰 운동화에는 오리 알만 한 감물빛 조각이 혓바닥을 내밀듯이 뒤꿈치 밖으로 나와 있지 않은가. 괜찮다는 말이라도 기대한 것인가, 참 엉뚱하기는. 조각보를 만들었다면 예술이 되었을 텐데, 양말 볼을 대듯했으니 어느 적 일인가. 평소에 어딘가 탈이 난 곳에 본드로 잘 붙여서 본드박사라고는 했지만 신발에 붙일 줄은 몰랐다. 누덕누덕 기운 운동화 같아 보기가 민망해서 흥부신발이라고 쏘아붙였다. 정작 본인은 무척 흐뭇한 표정을 짓는다.

가죽은 노쇠한 나귀처럼 윤기를 잃었고 콧등에는 긁힌 자국들로 검게 되어 복구할 길은 없다. 폭신하게 감싸던 따스함은 사라지고 얇고 딱딱하다. 뒤꿈치를 보호하던 천이 닳아 불편했던 모양이다. 요즈음은 신발을 잘 만들어서 떨어질 때까지 신기가 어렵고 싫증이 나서 버리게 된다. 신을 만큼 신었으니 신발에게 미안할 것도 없지 않은가. 하지만 신발을 사야겠다는 말에 멀쩡한 신발을 두고 사려고 한다고 정색을 하며 나무란다. 끄덕도 않는 그에게 내일 버릴

거라며 소비를 해야 경제가 돌아간다는 말로 되받았다.

그가 늘 검소하기만 한 것은 아니다. 최근에 일만 봐도 그렇다. 산소 일로 문중에 회의가 있었을 때, 남보다 먼저 큰돈을 선뜻 내놓았다. 용돈을 알뜰하게 모은 것이고 나에게 손 벌린 게 아니라며 무척 당당했다. 그 돈이라면 신발을 수 없이 사고도 남는다. 흥부 신발 신고 다닌다는 광고를 하겠다니, 새는 것도 아니고 겉이 멀쩡한데 쓸데없이 낭비는 안 한다나. 그렇게 알뜰하면 부자가 되었을 법도 한데 돈 버는 일에는 통 관심이 없다. 신문만 하더라도 경제면은 슬쩍 밀쳐두고 다른 면만 열심히 들여다본다.

가족을 위해 그만큼 했으면 이제는 자신을 위해 쓸 줄도 알아야 하는데. 내일 일어나면 버릴 운동화를 바라본다. 겉은 멀쩡해 보이지만 속은 닳고 닳았다. 신은 지나온 길을 어디다 부려두고 이곳에 들어와 가쁜 숨을 몰아쉬며 주저앉았을까. 운동화가 걸어왔을 길을 생각한다. 직장일로 쌓인 피로를 풀기 위해서 운동을 하거나 가까운 산을 찾고 먼 길을 걸을 때 애용하던 신발이다. 격식을 갖추지 않아 위안이 되었을 신발, 이제는 발모양을 따라 거푸집처럼 발에 꼬옥 맞는 신발. 눈에 익어 정든 세월이 얼마였을까. 편하고 만만하고 익숙한 신발이어서 애착이 더 갔나보다.

화가 나서 뱉어내긴 했지만 흥부에게는 애초에 그런 신발이 없다. 없어서 못 먹고 못 사는 심정을 알기나 하고 그 절박함과 무력감에 비하다니. 흥부의 가난을 조롱조로 이야기한 것은 가난에 대한 모독이다. 그러나 지금은 소비를 권하는 사회가 아닌가. 너무 많은 것들에 익숙하다보니 쉽게 버리는 버릇이 내게도 은연중에 배어있었나 보다.

파도처럼 밀려오는 욕망은 도깨비방망이를 휘둘러 뭔가를 자꾸만 쏟아내고 있지만, 가족의 밥을 위해서 산다는 것이 얼마나 절실하고 값진 것인가. 사람들이 점점 기계에게 내몰리는 것 같다. 취업문제로 노심초사하는 심정이 어떠랴 싶다. 자원을 얻느라 여기저기 마구 들쑤셔놓아서 언젠가 지구로부터도 버림받지 않을까. 민머리 지구에서 내 아이들은 무얼 먹고 살아야 하고, 물질의 풍요속에 잉여인간들은 어디로 내몰릴 것인가.

내 아이들이 살아갈 날을 생각하니 구멍 난 생각에 헝겊을 덧대어 기워야 할 것은 내가 아닌가. 흥부 신발을 내려다본다. 새 신발을 길들이느라 발과 신발이 부대끼는 시간을 지나서 하나가 되었을 텐데. 세월을 견뎌낸 내 육신처럼 헐겁고 누추한 모습과 닮았다. 세상이 다들 새것만 고집한다면 나와 같은 사람이 설 곳은 어디일까. 아직도 제 몫이 있는 것 같아 슬그머니 제자리에 두고 만다.

절벽

산양을 찾아 길을 나섰다. 발자국을 좇아 가파른 비탈길을 오른다. 언젠가 TV에서 보았던 바위투성이의 벼랑길에서 숨바꼭질하듯이 나타났다가는 사라지던 그놈의 환영을 더듬어 가고 있다. 위험천만한 곳에서 양이 어떻게 살아남을 수 있게 된 것인가. 너른 평야라면 식솔들을 거느리고 넉넉하게 살 수 있었을 텐데. 포식자들이 번득거리는 눈으로 언제 어디서 그들의 목을 노리며 달려들지 모르니 위험하기는 절벽이나 마찬가지다.

가슴에 오래도록 남은 낱말이 있다. 영양괘각羚羊掛角, 다양한 의미들이 머릿속에서 아메바처럼 커졌다 작아졌다 하면서 숨 쉬고 있었다. 해석하는 이에 따라 의미가 풍부해질 수 있기에 더욱 매력적이다. 무심히 지나쳐버렸던 이 단어가 새롭게 가슴을 울릴 줄이야. 양은 자신의 뒤를 쫓아오던 포식자를 따돌리기 위해 갑자기 몸을 솟구쳐 나뭇가지에 뿔을 걸고 있다가 나중에는 잠까지 잔다니. 살아남기 위한 본능이지만 너무 깜찍하지 않은가. 발자취를 찾지 못하고 허탈하게 돌아섰을 포식자를 생각하니 웃음이 나온다. 순식간에 나무에 뛰어올라 몸을 숨기는 재치에 전율을 느낀다. 네 발로 걷거나 뛰는 짐승이 땅에서 발을 뗄 수 있는 역발상의 기발함에 감탄한다. 나는 절체절명의 순간에 뛰어오르는 양처럼 섬뜩하리만치 반전되는 글을 한번 써 보고 싶다.

열두어 살 어름인 것 같다. 앞강에 나가면 깎아 세운 절벽 아래로는 물살이 자갈 굴리며 숨 가쁘게 흘러갔다. 늘 검푸른 소용돌이가 일었고 이무기와 물귀신이 산다는 말을 믿었다. 겨우 기슭에서 멱을 감거나 자맥질을 하며 조개를 캐던 날들, 옷이 마르기를 기다리며 바라보던 절벽, 별똥별은 그리로 떨어졌고 달은 그곳에 머물다가 갔다. 그 너머에는 내가 모르는 좋은 세상이 기다리고 있을 것만 같았다. 친구와 얕은 여울을 건너 절벽 위에 올랐을 때, 그곳은 청석 부스러기가 바스락거렸고 키 작은 나무들만 듬성듬성한 민둥산이었다. 발밑으로 내려다보이는 강은 무섭도록 푸르렀다. 별똥별의 흔적은 어디에도 없었고 염소 똥만 흩어져 있었다. 다만 두 줄로 뻗어가다가 굴속으로 사라진 철길을 보았을 뿐이다.

절벽이 높으면 대게 경치가 아름답다. 지층의 주름살 사이로 선혈이 낭자한 진달래꽃을 보면 〈헌화가〉를 지어 올렸던 노옹을 떠올리게 된다. 누운 듯이 비스듬한 나뭇가지의 곡선미와 푸름을 지켜준 뿌리의 견고함에 감탄사가 절로 나온다. 하지만 돌아보면 사방이 가파른 내리막이다. 자칫 미끄러지기라도 하면 돌멩이들과 함께 아득한 곳으로 굴러 떨어질 테다. 아래에서 바라보던 그곳은 오르고 싶었던 아름다운 욕망의 자리다. 내가 사는 세상도 저마다 높은 곳을 향하여 오르려고 하루를 분주하게 사는가 싶다. 누구나 가보고 싶어 하는, 그러나 쉽게 오를 수 없는 절벽은, 아무나 도달할 수 있는 곳이 아니다. 바라보던 절벽에 올랐을 때처럼 실망하거나 더러는 오르지 못해 갈증을 느끼고 지내리라. 내가 사는 아파트라는 집도 어쩌면 아득한 높이에서 단절되고 폐쇄적으로 사는 절벽이 아닌가 싶을 때가 있다.

절벽 우에 서면 더 갈 곳이 없다. 발아래는 출발점이 까마득하게 가물거린다. 한없이 우러러뵈던 그 높이가 아찔한 깊이로 떨려온다. 절벽은 높이이면서 또한 깊이가 아닌가. 지금 내가 어디에 있느냐에 따라 우러러보거나 또는 내려다본다. 그동안 부질없이 속을 끓이며 살아온 게 아닌가. 행복은 쥐어보지도 못하고 손가락 사이로 흘려보낸 셈이다. 아름다운 풍광을 즐기거나 시난고난했던 날들을 추억하며 의미를 찾는다면 내가 좇던 산양과 만날 수 있지 않을까.

산 아래는 나무들이 비탈을 오른다. 아니 내려가는 것이다. 높이는 꿈이며 깊이는 겸손이리라. 비탈을 오르내리는 나무들끼리 서로 뿌리를 얽듯이, 이웃과 서로 얽혀 붙들며 사는 것은 인드라의 망처럼 서로 되비추는 아름다운 세상이 되리라.

길이와 높이는 같은 절벽을 두고 이르는 말이라 했지만, 나는 자주 걸림돌을 만나 비틀거린다. 길이 끊어진 자리는 곧 현실이며 그곳에서 존재의 의미를 찾으라는 산양의 대단한 은유를, 내 글 속으로 끌어들이고 싶어 한다.

나이테와 나이티

실수가 많은 날이다.

그녀는 엘리베이터를 타고 내려왔다가 허겁지겁 다시 올라가서 휴대폰을 챙겨 나온다. 은행에 들러서 출금전표를 쓰고 도장을 찍더니 얼굴을 찡그리며 난감해 한다. 다른 도장을 가지고 온 모양이다. 다시 돌아가기도 뭣한지 엉거주춤 그렇게 한참을 서 있다. 아마 그런 자신이 미워졌는지도 모르겠다.

버스에 올라서 교통카드를 왜 현금 넣는 곳에 대고 있었을까? 차에 오를 때마다 곧장 해오던 일상적인 일이지 않은가. 운전기사로부터 지청구를 듣게 되는 빌미를 준 것이다. 굳이 이유를 찾는다면 전송하는 이와 작별인사의 말을 건네며 손을 흔들고 한 손으로는 카드를 찍으려다 그리 된 것인가 싶다. 세 가지 동작을 한꺼번에

하기에는 너무 짧은 순간이다. 요즘 들어 부쩍 행동이 굼뜨고 얼굴이며 걸음걸이가 나이티를 제법 내고 있는 데다 이런 일까지 보태다니. 그다지 젊지도 않으면서 영화로 치면 3차원 영화를 찍듯 다중작업을 한 셈이다.

거기다가 운전기사까지 까칠하게 대할 게 뭐람. 저상버스를 모는 사람이 아닌가. 그녀보다 한참이나 느린 동작으로 위태롭게 차에 오르는 이도 많이 보았는데, 그럴 때마다 신경을 곤두세우고 날선 말을 날릴 게 아닌가. 친절이 몸에 배야 하는 처지도 그렇지만 건강에도 그다지 좋을 리 없을 텐데. 어떤 이는 마이크를 착용하고 손님들이 차에 오르내릴 때마다 인사를 너무 잘해서 기분이 좋아지게 했다. 내리는 승객의 대답도 유쾌하게 메아리가 되어 돌아왔다. 그런 날, 승객들은 살맛이 났을 테고 조금 착해지는 걸 느끼지 않았을까.

얼굴은 겉으로 봐서는 평온해보였지만 방귀 뀐 사람이 성낼 수도 없는 처지라 내색을 못하는 것뿐인가 보다. 우선 무안해서 조용히 자리에 가 앉는다. 마치 오리들이 떠다니는 잔잔한 수면과 달리 물밑에는 붕어와 송사리 떼들이 이리저리 몰려다니듯이 마음이 붐비고 있을 테다. 아니면 나이테를 들여다보게 하는 일들을 떠올리며 가슴 한구석이 무너지는 소리를 듣고 있을는지. 승객들은 그다지 예민하게 굴 필요까지 없는 일이어서인지 무심한 표정이다.

한때는 텔레비전을 시청하며 이것저것 치우고 아이들을 닦달해서 등교시킬 정도로 눈과 귀를 열어놓고 손발을 바쁘게 움직였다. 기계도 오래 쓰면 기능이 떨어지듯 부리던 몸도 용량이 축소되어 가는데 상심하고 있는 그녀에게 위로가 필요해 보였다. '그럴 수도 있지 뭐.', '누구나 그때가 되면 그 길을 간다.'는 말로 다독거려주고 싶다.

젊어서는 욕망과 불안이나 고민들로 마음이 복잡해지면 그저 단순해져보고 싶다는 말을 입에 달고 다니지 않았던가. 무인도나 깊은 산중으로 들어가 살고 싶다고. 이제 바라던 단순함이 이루어지려고 하지 않은가. 해 저물녘의 놀빛은 저리도 아름다운데, 너도 맞고 나도 맞이할 저물녘은 그게 아닌가 보다.

그녀는 곧잘 한 가지 일에 초점을 맞추어서 클로즈업시킨다. 사진작가들이 꽃밭을 배경으로 인물을 찍을 때 배경을 흐리게 처리하는 아웃포커싱이 있다. 빛을 받아 눈부시게 빛나는 인물의 머리카락은 안개처럼 흐린 꽃무리 속에서 더욱 아름답게 보인다. 예술사진이라면 아름다운 장면이 되겠지만, 일상에서는 주변을 보지 못하고 반쪽만 보면 감동이 아니라 감상感傷이 될 것이다. 하루에 한 가지 일을 겨우 마치고 소파에 기대거나 조금 전의 일은 까맣게 잊고 있다가 놀라서 허둥거리는 일이 잦다. 얼마 전만 해도 부엌에서 국 냄비를 얹어놓고 자리를 비웠다가 냄비가 까맣게 타는 위험천만한 일이 있었다.

어제 일이다. 문상을 다녀오는 길에 상가에서 오랜만에 만난 사촌오빠와 버스를 같이 타고 오게 되었다. 세월만큼이나 쌓였던 회포를 푸느라 두 사람은 기분 좋게 들떠 있었다. 그는 거추장스런 코트를 벗어 선반에 얹으며 '혹시 잊을지 모르니 내릴 때 챙겨 달라.'는 부탁을 했다. 요즈음 들어 자주 일어나는 건망증 이야기를 예로 들며 '부탁한 말 자체마저 잊어버리는 수가 있다.'고 대꾸를 했다. 두 사람은 도착할 때까지 이야기에 몰두했으면서도 헤어질 때는 못내 아쉬워했다.

말이 씨가 되었는지 아침에 사촌오빠로부터 전화가 왔다. 같이 탔던 버스회사를 물었다. 그때서야 옷을 챙겨달라는 그의 말이 떠올랐고 지금까지도 까맣게 잊고 있었는지 그녀가 자리에 털썩 주저앉는다. 종일 마음을 졸이다가 저녁에 그에게 전화를 건다. 여기저기 수소문해서 겨우 연락이 닿았지만 옷은 없다고 했다. 걱정이 현실이 된 것이다. 시트콤이라면 유쾌하게 웃고 말았겠지만 남에게 손실을 입히는 데 한몫을 했으니 궁색하게 더 찾아보자는 말을 전한다.

애면글면해봤자 어쩔 수 없는 일이 아닌가. '옷이 나와 인연이 다했다.'는 말을 듣자 자기들 부부도 그런 일이 자주 생기다보니 바보들의 행진이라고 말하면서 웃는다고 전한다. 그에게 동지애 같은 것을 느꼈나 보다. '나이 든다는 건 그렇게 좀 모자란 듯 살라는 뜻일 거예요. 천지개벽이 나거나 전쟁이 터진 게 아니니 나이테가 늘어서 나이티 좀 냈다고 고민하지 말아요.' 자신에게 할 말을 그에게 한다. 비슷한 처지에 겪게 되는 건망증 이야기를 들어서 그런지 유쾌한 웃음소리가 방안에 가득하다.

그녀를 그림자처럼 따라다니던 사람은 낯선 나다.

3.

내 인생의 움직씨, 줍다, 울다, 쓰다

범종 소리를 좋아한다. 어둠 속에서 웅 하고
울려오는 종소리의 여운은 잠자던 세포들을 깨우거나
피로한 신경들을 고요하게 가라앉혀 맑은 정신이
고이게도 한다. 그 무게만큼이나 은은한 울림은 깊고도
멀리까지 가 닿는다.

내 인생의 움직씨, 줍다, 울다, 쓰다

줍다.

밀레의 〈만종〉과 〈이삭줍기〉 그림이 학교와 이발소 그리고 이웃집 벽에 걸렸던 때다. 우리들의 살림살이도 그와 닮아 있었다. 해질 무렵에 부부가 기도 드리는 그림을 보고 있으면 교회의 종소리가 은은하게 들린다. 농기구와 감자 바구니를 놓아두고 일하던 손을 모아 기도를 올리는 그림은, 땀 흘리는 수고가 값짐을 알게 했고 땅거미가 찾아오는 시간이 휴식과 평화를 가져다줌을 은연중에 느꼈다. 학교가 파하면 추수가 끝난 들판을 향해 달려가 참새처럼 이삭을 주웠다. 그림 속이나 현실에서도 가난한 노동의 아픔을 읽어내지 못하던 나이였다. 이삭줍기가 숙제였는지 모르지만 한 톨이라도 소중하게 여기며 열심히 주웠다. 기다랗게 누운 이삭이라도 발견하면 횡재를 한 듯 기분이 좋았다.

문득 내 삶이 이삭줍기와 닮았다는 생각이 스친다. 논에서 풍성하게 알곡을 거두어들인 게 아니라 남들이 거두어들인 빈 들녘을 헤매며 이삭을 줍고 있었다는 생각을. 학교에서나 학교 밖에서 얻은 알량한 지식들은, 앞서간 사람들이 추수한 뒤를 좇으며 주운 이삭들이다. 혹 내가 살면서 깨달았던 것들일지라도 앞서간 사람들이 터득한 잠언 같은 낱알이라는 생각을.

그때 주운 이삭들은 아마 닭장으로 달려가 구구구 닭들을 부르며 모이로 주었거나 간식거리였던 찐쌀을 만드는 데 보태지 않았을까 싶다. 딱히 어디에 썼다는 기억도 없는 이삭이 왜 생각났을까. 씹을수록 구수한 맛을 내는 노르스름한 찐쌀의 맛을 잊지 못한다. 친구들에게 감질나게 얻어먹었던 구수한 맛을 다시 맛보고 싶은 것일까. 아니, 밀레의 그림과 닮은 분위기를 내는 이즈음에 삶의 모퉁이에서 주워올린 낱알에 대한 소중함이 더해간다는 말이 맞을 것이다. 내 글쓰기를 위한 이삭줍기는 쉬지 않을 것 같다.

울다.

범종 소리를 좋아한다. 어둠 속에서 웅 하고 울려오는 종소리의 여운은 잠자던 세포들을 깨우거나 피로한 신경들을 고요하게 가라앉혀 맑은 정신이 고이게도 한다. 그 무게만큼이나 은은한 울림은 깊고도 멀리까지 가 닿는다. 종소리는 누군가 어둠 속에서 울려주는 이가 있는 걸 모르고 스스로 우는 줄로만 알았다.

언제부턴가 내게서 울음은 사라지고 말았다. 지식의 옷을 입으면서 몸은 두꺼워지고 스스로 울지 못했다. 누군가가 울려주기를 바랐다. 가슴으로 울지 못하고 머리로만 울었다. 이성은 언제나 냉정하게 절제를 강요했고 감성은 사치스러운 것이라 버려야 하는 줄 알았다. 어쩌면 '울면 안 돼. 뚝.'이라는 말을 들을 만큼 울음이 흔했던 탓인가. 울음은 미덕이 되지 못하고 눈물을 보이는 것이 부끄러워 몰래 훔쳤다. 극장에서 우는 얼굴로 옆 사람을 보지 못하고, 우는 사람 앞에서마저도 같이 울어주지 못했다.

아주 울지 않는 건 아니다. 속으로만 울었다. 약한 모습 보이기 싫어서다. 아이는 울음으로 말을 한다. 배고프다, 기저귀를 갈아달라, 놀아달라고 한다. 그렇다고 웃는 것을 잘하느냐 그것도 아니다. 개그를 보면서 싱겁다고 채널을 돌린다. 나의 울림판이 무디어졌다. 어른의 체면을 익히면서 그렇게 메말라 갔다. 서양 사람들이 사랑한다고 슬프다고 마음껏 표현하는 솔직함을 부러워한다. 서로에게 더 가까이 다가갈 수 있는 길이다.

들길에 나서서 바라보는 풍경이나 길을 가다가 마주치는 사람들 사이에서도 문득문득 고이는 슬픔을 속으로만 울 것이 아니다. 누군가 울려주기를 기다리기보다 스스로 울음을 울어서 다른 사람의 마음도 울리는 글을 쓰고 싶다.

쓰다.

글을 쓴 지 십 년이 넘었다. 한석봉 어머니의 가래떡 써는 솜씨까지는 바라지 않더라도 늘 백지 앞에서 막막하지는 말아야 하는데. 도깨비방망이를 뚝딱뚝딱 휘두르면 글이 술술 나오는 줄 아는 사람들 앞에서 입맛은 쓰기만 하다. 어쩌다 영감이 벼락처럼 치고 가긴 했어도 한 편의 글이 되기까지는 자주 매만지는 수고를 해야 했다.

글감을 찾아서 바깥으로 나다녔다. 철따라 바뀌는 수려한 경치를 찾았고 이끼 묻은 역사의 흔적을 더듬거나 낯선 사람들을 만났다. 새롭고 경이로운 것들 앞에서 감탄하고 발견하는 것들은 글을 쓰게 하는 마중물이 되었지만 얕은 여울에서 건져 올린 자잘한 돌멩이처럼 물기가 걷히면 평범하기 이를 데가 없었다. 깊이를 더하기 위해 책장을 넘기는 일도 걸핏하면 핏발이 서는 눈 때문에 밀쳐두어 쌓여만 간다. 편하게 찾아간 강좌들은 입 속에 설익은 언어들만 굴리느라 입맛을 잃게 했다.

처음부터 있지도 않은 광맥을 찾는답시고 광산에 꽂힌 건 아닐까. 놓아버리고 싶다. 벗어나고 싶다. 멀리 달아나서 편하게 노래부르며 신나게 지낼 것이지 괜히 골머리를 썩이고 있다. 책장만큼이나 활자들이 머릿속에서 뒤엉켜 굳어져버린 감성은 스스로 울 줄 모르는 종이나 다름없다. 산 위에 깃발을 꽂아두고 그곳만 바라보며 달려왔다. 발밑을 바라볼 줄 몰랐다. 눈이 닿는 곳마다 사랑하면 보이고 울음이 나는 것을. 소소하다고 할 만한 것들 앞에서도 울음을 우는 풍경이 되지 못했다.

내 곁을 떠나가는 것들이 많아지는, 아니 그렇게 보여지는 날은 쓸쓸하다. 때때로 아프면서 소중한 것들이었음을 아는 건 떠나고 난 뒤라는 것이 새삼스럽다. 일상에서 잠언처럼 깨닫는 언어들로 어릴 적 추수가 끝난 들녘에 선 듯하다. 뒤늦게 주운 소중한 이삭들로 이래저래 마음이 분주한 날에 컴퓨터 앞으로 다가가는 건 또 무엇인가.

여그는 자궁이여

무진장 펼쳐진 그 속에 빠져 보고 싶었다. 언제부턴가 순천만의 갈대밭이 가슴에 일렁거리기 시작했다. 갈잎이 서걱거리는 소리와 함께 갈꽃 위에 부서지는 눈부신 햇살에 마음이 베이면 그렁그렁한 눈으로 먼 데 바다를 보리라.

두 문우들과 배낭을 메고 그곳을 물어물어 가는 동안, 가을풍경들은 책장을 넘기듯 넘어갔다. 둑 위에 올라서는 순간이다. 순천만은 질펀하게 몸을 누여 젖을 물리고 있었다. 갈숲은 바다를 솔섬까지 밀어내고 물길을 허리에 둘렀다. 기슭에는 오리 떼가 부표처럼 떠 있고 괭이갈매기들이 포물선을 그리다 수면 위로 내리꽂히기도 한다. 백로는 풍경에 취해 와온해변의 풍경이 되었다.

갈대는 아직 여물어 가는 중이라 붉은 빛이 돈다. 푸른 잎들끼리 몸 부비는 소리를 들어보라고 한다. 한줄기 바람이 스치니 차례로 몸을 누이며 '쏴아' 소리와 함께 셋잇단음표의 여운으로 잦아든다. 마음을 건드리며 파문이 인다. 사람들에게 등 떠밀려 걸음이 둥둥 떠간다.

탐사로를 따라가니 성긴 갈대들 사이로 꿈틀거리는 생명들이 보인다. 숨구멍이 숭숭 뚫린 사이로 게는 개펄을 잔뜩 묻히고 잠망경을 세우거나 커다란 집게손으로 팔짱을 꼈다. 아주 느긋하다. 머리는 올챙이 같고 꼬리가 도마뱀처럼 생긴 망둥어 새끼가 꼼지락거린다. 펄을 뒤집어쓴 꼴이 호기심 많은 아들놈 같다. 어딜 그렇게 쏘다니는지. 성한 데가 없으니 회초리라도 들어야 하나? 말간 얼굴 언제 한번 볼 수 있을지. 그러다가 게란 놈에게 덥석 물리기라도 하면 어쩌려고. 달랑게, 염낭게, 길게들이 득실거린다는데. 멀리 왜가리가 목을 길게 늘인 것도 봤거든. 엄마가 마음 놓을 새 없겠다. 꼬리를 흔들며 팔딱거리다가 어느새 채여 갈라.

요즈음 내 속이 저 개펄이다. TV와 신문에서는 백 년 만에 위기를 만났다며 다급한 목소리와 주먹만 한 글씨로 아찔하게 한다. 인내심이 주가처럼 널뛰기를 한다. 얇은 주머닛돈으로 품었던 기대가 큰 물살에 쓸려가듯 곤두박질한다. 궁핍하던 시절로 되돌아가는 걸까. 사고 싶은 게 있어도 한발 뒤로 물러나게 된다. 전쟁도 아닌데 새가슴이 되어 뛰었고, 글로벌이란 말이 이런 경우에도 쓰이는 걸 알았다. 먼 나라 이야기로 들렸던 시절이 그립기까지 하다.

내리막이 있으면 오르막이 있다며 밴댕이 속을 나무라던 내가 아닌가. 숭어가 뛰니 망둥이가 뛴다고 비웃던 날도 있었다.

이곳에서는 생명들이 연꽃처럼 태어나 자라고 있었다. 검은색에 대해 더러움으로 알고 늘 흰색의 깨끗함만 좇았는데, 그게 아니다. 바다가 들숨과 날숨으로 품었다 놓아주는 동안 날마다 새로워졌다. 강에서 흘러든 것들을 걸러내어 주는 갈대와 칠면초, 나문재가 있어 갯지렁이와 게, 짱뚱어들이 자란다. 바다와 육지의 징검다리가 되어 새들을 불러 모으고 우리들의 식탁과 마음을 풍성하게 하는 곳이다.

하수와 소금물이 만나는 혹독한 곳에서, 소금물에 젖더라도 소금기를 걸러내며 뿌리를 넓게 뻗어나가니 기특하다. 개펄에서 어느 할머니가 하셨다는 말씀을 옮겨본다. "아, 글씨 생각들 좀 해 봐요. 여그는 사람으로 치자면 여자의 자궁이여! 생명을 길러내는 곳이란 말여……." 떠내려가는 것들을 지키는 마음과 더러운 것들을 깨끗이 하는 어머니의 그 넉넉한 품 때문에 모두가 먹고 산다. 그렇다.

개펄 속에서 피는 갈꽃이 더 빛날 게다. 내가 사는 세상도 개펄이라면 나를 키우고 자라게 하느라 적당한 소금기가 필요했을 테다. 팍 절여지지만 않는다면 소금기로 단단해져 펄떡거리는 삶 하나 건져지리. 저 개펄에 심지 박은 갈대처럼. 소금비늘을 떨어내며 환한 갈꽃을 피울 날이 오리라 믿어본다.

민달팽이

갑사 뜰에는 지금 햇볕이 마구 따갑게 쏟아지고 있어. 너희들이 사는 이곳은 꿉꿉하고 잎새들이 하늘을 가려 대낮에도 어둡구나. 어젯밤 폭우 때문에 길이 미끄러워 조심조심 산의 심장으로 들어가고 있는 중이야. 손톱만 한 나비가 풀꽃을 향해 날아간 그 너머에 물소리가 높아지는 걸 보니 폭포가 멀잖은가 봐. 한숨을 돌리느라 상수리나무 곁에 섰을 때였지. 축축한 나무 기둥을 보는 순간 섬뜩했어. 처음에는 낙엽이 된 버들잎인가 여겼어. 연필로 찍어놓은 듯한 작은 눈이 더듬이 끝에서 미미하게 움직였기 때문이야. 짙은 갈색 줄무늬가 그려진 물컹한 속살을 고스란히 드러낸, 너는 결코 아름답다고 할 수 없는 말로만 들어보았던 민달팽이.

너희들의 조상이 살던 곳은 바다가 아니더냐? 아득한 시간의 터널을 지나 어떻게 이 산중까지 왔는지는 모르겠다만, 아마 연약한 더듬이로 방향을 잃었거나 무서운 재앙이라도 있었던 게지. 집을 짊어지고 다니기에 거추장스러웠더냐? 우리들은 집을 장만하느라 허리가 휘도록 사는데 너는 미련 없이 집을 버렸구나. 너처럼 살라고 시위라도 하느냐? 괜찮을 것도 같지만 겨울을 어찌 나야 하고 잠은 어디서 자야할지 걱정이 돼.

너를 처음 보았을 때 그 징그러움이라니. 네 친구의 동그랗고 앙증맞은 집은 귀여웠어. 건드리기라도 하면 얼른 집안으로 쏙 들어가서 바닥으로 툭 떨어지는 거야. 옷이라도 입지 그랬니. 요즈음 TV를 보면 가슴이 훤히 드러나는 속옷 같은 것을 많이 입고 나와. 보기가 민망해. 머잖아 너처럼 송두리째 알몸을 드러내고 다닐지도 모르겠어. 비가 그친 축축한 길을 따라 외출이라도 나선 것이니? 그렇게 관능적인 자태로 한껏 시선이라도 끌어보고 싶은 거니? 너의 몸은 비만에 가까울 정도로 풍만해. 너처럼 벗는 걸 좋아하는 사람들은 섹시라는 말을 아무렇지도 않게 쓰거든. 수영장에 간 듯 가슴이 파인 옷은 가느다란 끈에 겨우 의지하고 있어서 언제 끊어질지 몰라 아슬아슬해. 보여주고 싶어 하는 마음과 보고 싶어 하는 마음이 맞아떨어졌나 봐.

그 더듬이로는 네 짝을 찾기에는 역부족이지. 그렇게 느린 걸음으로 짝을 찾아가는 길은 은하수보다 멀겠어. 긴 여정을 위해 지금 야금야금 먹어두는 거니? 너의 사랑이 어디에 있다고 그런 몸가짐으로 길을 나섰니? 부끄럼은 죄 많은 사람이나 가지는 것이라고. 너는 우리들보다 훨씬 적극적이고 솔직한 편이구나. 한 점 걸치지 않고 속살을 그대로 드러냈잖아. 어쩌자고 벌거숭이로 세상에 나왔어. 팔월의 태양이 나뭇잎 사이로 언뜻언뜻 보고 있는데, 부끄럽지도 않니? 짝을 찾았을 때는 무척 육감적이라니. 사랑의 활(戀矢) 솜씨가 일품이라면서, 네 능력을 높이 산 사람들이 약에 쓰겠다고 눈독을 들인대. 그리운 이에게로 가는데 그 더딤이 안타까워 거추장스럽던 집을 던져버리고 나니 자유로우니? 따가운 시선들과 상처로 너의 외투막은 점점 두꺼워질 테지.

너희들의 그 느린 걸음으로야 살아남기가 쉽지 않았을 테고, 궁여지책으로 한 몸에 양성을 지녔더냐? 나이가 들어가니 가끔 내가 남자인가 싶을 때가 있어. 호르몬의 균형이 깨지는 거래. 완경 후 갈등이 없지 않았지만 걱정할 필요는 없어. 상황에 따라 성도 변해가는 듯해. 맞벌이하는 여성들이 많아지면서 '남자답다, 여자답다.'라는 말이 사라지는 것 같아. 여자라서 해야 하고 남자라서 못할 일이 점점 없어지면서 모두가 양성을 띠는 듯해. 네 속에 남성을 가지고 있지만 더 좋은 후세를 보기 위해서 짝을 만나러 가는 길이니? 비가 그친 다음날이 좋을 거야. 좀더 멀리까지 갈 수 있으니까.

세상이 아무리 중성화된다 해도 사랑이 없다면 너무 삭막하지. 마침 계곡물이 넘치고 바위와 나무들이 비를 흠뻑 머금고 있어서 외출하기 딱 좋은 날이네. 너의 물컹한 몸뚱이가 배밀이 하며 파도를 치면 비릿한 내음과 뿜어내는 더운 김은 나뭇잎 위에 햇살처럼 뜨거울 거야. 축축한 길을 따라 천천히 열어가는 세상은 새로운 생명을 위해 성장하고 잉태하며 출산하는 여느 생과 다름없구나.

너의 벌거숭이 순수와 만난 지금, 내가 머문 세상을 다시 보게 돼. 너의 더듬이를 가지고 와우각상전蝸牛角上戰이라며 비아냥거리는 사람이 있어. 하지만 아득한 날에 바다가 고향이었던 너희들의 몸속에 흐르는 유전자를 높이 사고 싶어. 맨발로 걷다가 풍뎅이를 만나기도 하고 새와 들쥐들과 맞닥뜨렸을 적에 겁에 질렸을 테지만, 끈끈한 점액질과 변장술의 묘책으로 극복했으니 말이다. 더위와 추위가 극심할 때는 두 번의 깊은 잠을 자며 어렵게 고비를 잘 넘겨 왔잖아.

굼뜨면서도 쉼 없이 일하는 너희들의 생을 사랑한다.

창

청암사 가는 길이 초록으로 덮였고 흘러가는 물은 소리를 낮추었다. 절 마당으로 들어서려니 짙은 향내가 훅 스친다. 분홍빛이 도는 오종종한 꽃무더기 앞에 다다랐다. 바로 여기서 향이 났었구나. 말로만 들어오던 '수수꽃다리'를 뜻밖에 만나 반갑다. 꽃은 숱이 많고 뭉텅뭉텅한데다 키가 땅딸하여 〈동백꽃〉의 점순이를 만난 듯 반갑다.

요사채의 방문들은 닫혔고 빈 툇마루 아래 신발이 가지런하다. 차방 앞 난간에 햇살이 놀다 가고 마당귀에 불두화가 환하게 반긴다. 맞배지붕 아래는 창호지를 바른 띠살창이 열려 있다. 외로 여닫는 문에는 동그란 문고리가 선명하다. 걸어놓은 모자가 얼핏 보이고 그 안에는 창호지만 한 어둠이 고여 있다. 환기창이면서 바깥의 소리를 듣는 귀가 아닌가 싶다. 요즈음 들어서 투박하거나 서툴러 보이는 것들에게 마음이 더 간다. 덜 채워진 것에서 고향을 느끼며 마음도 편해진다.

나는 지금 창 밖에서 그 안을 기웃거린다. 새어나오는 으스름으로 방의 정적 또한 깊다. 혼자 골똘히 빠져들기에 좋은 방이겠다. 저렇게 높이 창을 내다니. 방이 숨 쉬는 숨구멍 같다. 그 안에서 이루어지는 온갖 움직임들이 숨결이 되어 독특한 체취로 뿜어져 나온다. 높은 창은 감추고 싶어 하는 마음이 내비쳐 궁금하다. 인기척이 나거나 불이 켜진 창을 지나칠 때는 온기가 느껴진다. 그곳에 사람이 있다는 것만으로도 충분히 따뜻하다. 그 방에 있는 사람이 궁금하고, 들여다보고 싶은 충동마저 인다. 안에 든 사람이야 드러내고 싶지 않을 게다. 아니, 지을 때부터 프라이버시를 지켜주려는 뜻이 담겼던 게 아닌가. 만약 불 꺼진 창을 본다면 어둠처럼 답답하리라. 창 안에 사람이 숨 쉬고 있을 때 소통이 이루어진다. 비록 말이 없더라도 보는 이는 무언으로 주고받는다.

창으로 들려오는 소리로 바깥 동정을 짐작게 한다. 전깃줄을 팽팽하게 당긴 바람이 높은 음을 내며 지나갈 때 계절을 느끼고, 먼데 개 짖는 소리로 밤의 깊이를 가늠한다. 닭이 홰를 치면 아침이 오는 줄 알고, 솥뚜껑 여닫는 소리가 들려오면 어머니는 수저를 놓으라고 부를 것이다. 엿장수의 가위 소리와 생선장수가 외치는 소리를 들으면, 고물을 찾아들고 달려가는 아이들이나 짚으로 매단

물 좋은 생선을 들고 오는 사람이 떠오른다. 작은 창으로 숱한 소리들을 듣는다.

아파트 베란다의 창은 있는 대로 다 보이는지라, 밖을 보고 있으면 나를 송두리째 드러내는 듯해서 본다기보다 어쩐지 보여준다는 기분이 든다. 너무 드러내면 허해진다. 적당히 감추어서 은밀하거나 신비스러운 편이 좋겠다. 알지 못해서 조금 속는 것은 약이 될 게다. 속은 줄 모른다면야 마음은 오히려 편할 것이다. 다 안다고 해서 그다지 뾰족한 수가 있는 것도 아니지 않은가. 적당히 가려주고 덮어두는 편이 평화로울 테다. 특히 가까운 사람끼리 그렇다. 부도덕하지 않다면야.

나는 밖에서 안을 바라보며 그 안에 머물렀던 때를 떠올린다. 창으로 바라보는 세상은 줌렌즈처럼 깊고 멀었다. 작게 드러내어 많이 보려는 그런 창이다. 그 문으로 날씨를 살피고 일상사들을 읽었다. 우산을 들고 학교에 가는 아이들이 있고 리어카에 배추를 가득 실어 장에 팔러가는 사람이 보인다. 무엇보다 달빛이 유난하게 비쳐드는 밤이면 나를 마당으로 불러내기도 한다. 별도 보이지 않는 캄캄한 밤에는 방바닥에 배를 깔고 책을 읽다가 잠이 들었다.

시험 때가 되어 밀려오는 잠과 싸우며 앉은뱅이책상 앞에서 안간힘을 쓰는 동안 백열등도 같이 뜨거워졌다. 그때는 자주 정전이 되었는데, 갑자기 캄캄한 어둠이 이불처럼 덮인다. 어둠에 차차 익숙해지면 곁에 누운 동생의 얼굴이 어름어름 뜨고, 책상과 책꽂이가 걸어놓은 옷들과 함께 살아난다. 스멀스멀 숨 쉬고 기어 다니는 어둠은 천장 벽지의 규칙적인 배열들을 부드럽게 감싸 안아 안개에 싸인 꽃이나 잎으로 살아났다.

창밖에서 창 안을 바라보니 세월에 가려진 거칠고 미숙했던 풍경이 되살아난다. 작은 창이 있는 방에서 혼자만의 시간을 만끽하며 아늑함에 젖어보고 싶다.

이름값

내 이름을 지을 때, 아버지께서는 첫애라 많이 고심하신 듯하다. 글자의 뜻을 풀면 복이 많고 연꽃처럼 아름답게 피어나라는 뜻이니, 이보다 더 좋은 이름이 없을 것 같다. 의미부여는 좋은데 발음을 해보면 쉽지 않고 각양각색이다. 받침 'ㄱ'과 첫소리 'ㄹ'이 부딪치니 '봉년'으로 대부분 발음한다. 그런데 蓮은 '연꽃 련'이나 '연'으로 쓰기도 해서 '봉연' 또는 '봉년'으로 부르거나, 표기 음에 충실하려는 이는 '보견'으로 발음한다. 참 어렵고도 헷갈렸다. 친구들 이름처럼 순자, 영자가 아니면 정숙, 명희도 좋으련만. 예쁜 이름으로 불리고 싶었으나 이미 호적에 오른 뒤다. 그나마 놀림감이 되어 불리는 이름이 아니어서 다행으로 삼을 수밖에. 이래저래 이름에 대한 불만이 많았다.

일이 잘 풀리지 않을 때는 이름이 나쁘니 고쳐보라는 작명가의 말이 떠오른다. 어머니께서는 떠도는 작명가에게 심심풀이로 물어본 것이지만 듣고 나니 영 개운치가 않았다. 시험에 낙방하고 어머니가 바라는 대로 꿈을 이루어드리지 못한 내 탓이 크다. 몇 사람의 작명가가 남기고 간 이름들은 두어 번 불리다 말아 지금은 기억에도 없다. 이름이 무슨 죄가 있겠는가. 이름을 바꾸어서라도 뜻을 이루고 싶은 욕망으로 내 이름 같지 않은 이름과의 동거는 며칠을 넘기지 못했다.

닉네임을 잘 지어 성공하는 이들이 꽤 많다. 명품으로 불리거나, 한 번 들으면 확실하게 기억하게 하든지, 처음 듣는 순간 좌중을 웃겨 인기를 얻는 이름이 있다. 김봉남은 모르더라도 앙드레 김이라면 아마 모르는 이가 없을 것이다. 지극히 소박하고 평범한 이름과 미적 감각으로 세계가 인정하는 브랜드화 된 이름은 하늘과 땅만큼이나 차이가 난다. 이제 이름 덕으로 성공을 바랄 나이는 지났다. 그동안 살아온 흔적이 내 등뼈에 고스란히 남아 바로잡으려니 통증이 온다. 더 나빠지지 않으면 다행이라는데, 이름을 고쳐 덕을 보려는 생각은 언감생심이다.

내게도 닉네임이 예닐곱 가지가 있다. 성에서 따라온 '송아지'와 분식집에서 자주 고구마로 점심을 대신하다가 붙여진 '곰마', 늘 쫓기듯이 살아서 붙여진 '오리'가 있다. 인상에서 떠올린 '보름달, 함박꽃, 백합' 등이 기억난다. 거기에 내가 모르게 불리는 이름까지 합하면 더 많을 것이다. 닉네임을 부르면 기분이 좋아지기 바라지만 교단에 섰을 때는 언제나 좋은 얼굴을 할 수 없는지라 악명 높은 이름이 붙어 다니기도 했다.

요즈음 들어서 등이 편치 않아 정형외과에 들렀더니 척추가 휘었다고 한다. 하루아침에 그리된 것이 아니라 오랫동안 그릇된 자세로 살아온 탓이다. 일그러져가는 몸을 떠올리며 참담한 심정이 되었다. 그렇구나, 척추에 내 역사가 기록되어 있었다니. 언젠가 학생이 멀리서 '오리'라고 말하는데 나를 지칭하는 것 같아 기분이 언짢았지만 그냥 지나쳤던 적이 있었다. 닉네임을 들었을 때 제대로 신경을 썼더라면 좋았을 텐데. 직장을 다니며 집안일을 하느라 늘 바삐 살아온 터에, 몸보다 마음이 늘 앞서갔으니 걸음이 그리 되었을 게다. 거기에 성격 탓도 있을 것이며 어머니의 체형을 닮아 하반신이 발달한 것도 한몫을 했으리라.

카페에 가입하려면 닉네임을 쓰게 된다. 한참 고민을 했다. 좀 다른 이름으로 살아지려나. 지나온 날들 위에 물감으로 색다른 그림을 그리려면 꽃이나 강과 같은 자연이 좋을 것 같다. 강이라고 하니 정지된 이미지가 된다. 물을 보태어 강물이라고 하니 출렁거리며 흘러간다. 어디론가 멀리 떠나고 싶은 마음이 실려 있고, 삶의 굽이마다 깎이고 소용돌이치며 가파르게 흐르기도 했던 일이 떠오른다. 물안개 피워 올리며 명상에 잠기는 아침 강이나 놀빛으로 울음이 타는 저녁 강이 되어보기도 하리다. 유장하게 바다에 이르는 꿈을 꾸었다. 좁고 얕은 샛강들의 물맛을 받아들이며 나' 것으로 정화시켜 가야 하는 숙제도 안고 있다. 서로 부딪치고 파문을 일으켜가며 살더라도 이름값을 하려고 애를 쓰며 살아가리라.

이름은 그 사람의 실체와는 다르긴 해도 이름으로부터 자유로울 수는 없다. 하루에도 수많은 이름들이 태어나고 이름을 부르며 산다. 흔하디흔하다고나 할 이름이지만 저마다의 꿈과 소망이 실린 터라 나름대로 이름값을 하며 살려고 하기에 세상은 밝아져 가는 것이리.

문갑

언제쯤이었을까?

살림살이의 주름이 펴지기 시작할 무렵이었던 것 같다. 내 마음 속에는 자라고 있던 오래된 것들에 대한 그리움이 발길을 멈추게 하는 곳이 있었다. 한옥, 장단지, 다듬잇돌, 돌절구, 주렴, 문방사우, 물레, 방짜 유기들이 보이면 그 언저리에서 머무적거렸다.

안동에 근무하면서 한옥을 장만했다. 아이들은 뼈마디가 굵어지고 함부로 호작질(낙서)할 나이도 지났을 때고, 나는 아무리 부정하려해도 두루뭉술한 아줌마이니, 잘 어울릴 만하지 않은가.

메이커 가구들은 미끈하게 잘생겨, 세련되고 도시적인 감각을 지닌 광고 속의 여자처럼 매혹적이나 이내 시들해졌다. 오래 묵은 가구는 친구처럼 흉허물마저도 함께 감싸주고 싶어진다.

이사를 하면서 방 하나는 나만 온전히 쓸 수 있는 공간으로 만들고 싶었다. 노오란 장판에 보료를 깔고 선비책상 하나 들여놓은 뒤 시집올 때 가져온 병풍도 둘러치고, 윗목에는 문갑을 들이고 사방탁자를 곁들인다면 사대부집 마나님 부럽지 않을 것 같았다.

그때의 문갑이다. 고가구 집을 돌아다니다 눈에 띈 것이다. 춘양목이라는 말을 듣는 순간, 적송의 줄기가 떠오르고 송진내가 풍기는 듯했다. 불그레한 색감에 은은한 무늬가 물결을 이루었다. 참 좋았다. 자주 눈길을 보내며 마른 걸레로 닦고 어루만지며 나무의 질감을 느꼈다. 서랍에는 반지와 예물시계, 커프스버튼, 브로치와 같은 자잘하고 이쁜 소품들을 넣었다. 아래에는 철지난 옷들을 바꿔가며 넣었는데 웬만한 것들을 다 수납할 만큼 속이 넓고 깊다. 소박하고 군더더기 없는 경첩과 귀장식이며 고리들이지만 오히려 위안이 되고 편안했다.

아직도 앙증맞은 자물쇠에는 잉어가 눈을 부릅떠서 지키고 있지만 가져갈 만한 것이라곤 없다. 멋스럽던 수실은 나처럼 올이 풀려나 볼품이 없다. 다른 가구에 밀려나 거실 모퉁이에서 이층으로 놓아두어 미안하다. 언젠가 나도 저 문갑처럼 주인의 자리에서 밀려나 어느 모퉁이에서 머물려나.

아귀도

친구야, 어제 너를 보니 두루뭉술해져서 세월을 묵힌 흔적이 완연하더구나. 몸맵시를 뽐내며 똑똑 구두 소리 울리던 풋풋한 그 모습은 어디 가버렸는지. 이렇게 말하는 나도 별 수 없이 너에게서 나를 보게 된다. 재미있는 이야기 하나 할까.

천국과 지옥을 두루 돌아서 왔다가 회생한 사람의 숟가락 이야기가 흥미로웠단다. 천국과 지옥이 다르지 않았어. 식사 때가 되면 똑같이 기다란 숟가락으로 밥을 먹는다고 해. 숟가락이 하도 길어서 자신의 입으로 밥술을 떠 넣기가 불가능했어. 그런데 천국에 사는 사람들은 밥을 다른 사람들에게 떠먹이고 있었는데 그 얼굴이 어찌나 밝고 환하게 웃던지 무척 행복해 보였대. 물론 몸도 건강했어. 그런데 지옥에서는 저마다 자기 입에만 떠 넣으려 하니 도저히

밥을 먹을 수 없었대. 먹을 것을 두고도 배가 고파 아우성을 질렀고 몸은 야윌 대로 야위었어. 나누어 먹지 못하고 다른 사람이 먹을까 하여 감추더라고 했어.

죽어보지 않았으니 모르는 일이긴 한데 우스갯소리로 한 말이더라도 베푸는 삶에 대해 숟가락 하나로 압축하여 말하다니 놀랍구나. 길지 않은 내 숟가락에 안도감을 느껴야할지, 숟가락을 늘여서라도 이기심을 이타심으로 바꾸어야 할지. 천국에 사는 사람들은 남에게 베풀면 자신도 즐겁다는 것을 아는 것이고 지옥에 사는 사람들은 내 배가 고프니 베풀지 못하고 욕심으로 움켜쥐기에 고통스러운 것이야. 천국에는 신뢰하는 마음이 바탕에 있는데 비해 지옥은 믿음이 없어. 우리의 현실처럼 의심하여 믿지 못하기 때문에 손해 볼 짓을 하지 않으려는 게지.

아귀라는 생선은 입이 크고 몸통은 작아 못생겼어도 아구탕이나 아구찜이라는 요리가 되면 맛이 일품이지. 식탐을 하는 사람을 낮보든지, 무엇이든 가리지 않고 잘 먹는 사람을 빗대어 아귀처럼 먹는다고 하지. 몸에 좋아서 먹고, 입맛이 당겨서 먹고, 대접이나 친교를 위해서 먹고 또 먹고 하다 보니 우리 입이 아귀 입을 닮아가는 것일까. 머리만 커다란 아귀가 아니라서 다행이라고 해야 할지, 아귀 몸매처럼 미끈하게 빠지지 않아 불행하다고 해야 할지.

예전에 그렇게 부러워하던 부잣집 맏며느리처럼 다들 부하게 몸집이 일어서 고민들이 많지. 둔하여 행동이 부자연스럽고 성인병이라는 치명적인 복병이 겁을 주고 있어. 그보다 우선 예전의 몸매를 생각하고 옷이라도 사러 갔다가는 실망하기 일쑤지. 등산에 헬스며 수영을 해도 대부분의 사람들은 별반 나아지지 않다보니 작심삼일로 그쳐버리거든. 다이어트는 많은 사람들의 숙제며 비만을 질병으로 여기는 세상이 되어버렸어.

다이어트에 성공하여 일약 스타가 된 사람이 있기는 하나, 살을 빼기 위해 음식을 앞에 두고도 먹지 못해 배를 곯고 있는 모습이 아귀도를 보는 듯하네. 영양가 없는 것들로 허기를 속이거나 야채만 먹으며 편식하는 이들. 머리에 떠오르는 먹고 싶은 음식들의 그림과 향내를 견디는 인내가 놀라워. 심각한 경우 거식증으로 치료를 받는 경우도 있더라. 웬만해서 원하는 몸무게를 가지기 쉽지 않고 독한 끈기가 필요하지.

한데 그 숟가락을 빌려와 나와 이웃의 고민을 덜어보고 싶어. 어느 정도 살림걱정은 덜게 된 요즈음, 옆 사람에게 떠먹이며 사는 것도 아름답지 않은가 싶어. 살찐 이를 위해서는 맞춤형으로 작고 기다란 숟가락을, 그보다는 어렵게 사는 이를 위한 숟가락을 준비해야겠지. 옆을 돌아볼 여유가 없이 옹색하게 살았지만 용기를 내볼 일이야. 베푸는 사람과 받는 사람이 서로 미소를 띠며 바라보는 동안 문득 세상이 아름답다는 생각을 할 테지. 굳이 숟가락이 아니면 어떠니. 집안을 돌아보니 웬 살림살이가 이렇게 많은지 모르겠다. 필요한 것, 두고 보는 것, 요긴한 것, 미련이 남아 버리지 못하는 것들. 추억이 담겼거나, 욕심이 나거나, 헐하다고 사 모은 것, 눈요기를 위한 것도 있어. 읽었거나 읽다만 책에서 돌멩이까지 보태니 집안은 늘 어수선하구나.

친구야, 서로의 모습에서 세월의 흔적을 읽는 동안 내 것이 무엇인가 하는 의문이 생기는구나. 새 순 아래 시들어가는 잎처럼 거름이 되는 거라면 비워서 가벼워져야 할 때가 아닌가 싶어. 그동안의 삶이 수액을 뽑아 올려 푸른 잎들을 키운답시고 욕심을 부리며 살았으니 아귀도에 떨어질까 두렵구나. 몸집뿐만 아니라 살림살이도 줄여야 할 것 같아. 나눈다는 것은 내게는 다이어트가 되고 배고프고 목마른 사람에게는 감로수가 되겠지.

숟가락 이야기를 듣고 잠시 그런 생각이 들었어. 나이 들어가며 예전의 몸매로 돌아갈 수는 없지만 건강하게 다이어트를 해서 아귀도에 빠지지는 말아야 할까보다.

성, 그 양면성

아방가르드의 매력을 맛보고 싶어 워홀의 전시장을 찾았다. 솔직하게 말하면, 고정된 틀을 깨어버린 그의 그림이 나를 어떻게 흔들어놓을지 궁금했다. 나는 지금 가라앉아 무디어진 붓끝에 생기를 불어넣고 싶어 자극을 목마르게 기다린다.

오전이라 작은 화랑은 조용했다. 인물과 달러들이 다양한 색깔로 배경을 달리하거나 반복했다. 단순화된 꽃들은 화려한 색상으로 환상적 분위기를 자아내었다. 섬세한 스케치가 드러나는 판화들도 보였다. 그들 가운데 내 눈길을 끌었던 것은 모자를 쓴 인물화였다. 커다란 눈이 우수에 젖어 바라본다. 강하고 깊은 눈은 도시의 그늘처럼 어둡게 말을 건넨다. 다른 그림들이 단순하고 일상적인 가벼움이었다면 이 그림은 가라앉아 무겁다. 뉴욕의 클럽에서 만난 익명의 남성과 여성을 모델로 삼은 인물화 가운데 하나이다. 이 작품에서는 작가의 메시지가 전해와 순수예술을 만나는 듯했다.

'Ladies and Gentlemen'이라는 제목이 붙은 1975년도 작품이다. 그동안 익숙하게 써오던 '남자와 여자들'이라고 쓰지 않고 '여자와 남자들'이라고 옮기려니 어색하다. 성에 대해 흔히 말하는 하늘과 땅이라는 분별심이 내 속에 깊이 뿌리내려 있는 것인가. 이 작품도 시리즈로 나온 것 같지만 다른 작품을 볼 수 없으니 한 폭의 인물화를 두고 내가 느낀 것을 말할 뿐이다. 어찌 보면 여자처럼 보였다가 어찌 보면 남자로 보이는 그림이다. 처음부터 의도성을 가지고 작품을 만들었는지는 알 수 없으나, 어쩌면 나처럼 찍혀 나온 그림에서 우연히 이중성을 발견했을지도 모르는 일이다. 그늘진 부분을 따라가면 남자 같다. 선이 굵고 투박하여 강직하기까지한데 처음에는 창이 넓은 모자를 쓴 탓에 여자로 보았다.

시대를 앞서갔던 작가는 단순화된 밑그림 위에 다양한 색채로 원래의 모습을 왜곡하거나 강렬하게 이미지화했다. 선들은 어긋났고 옅거나 짙어서 불규칙했다. 그런 가운데 섬광처럼 스쳐가는 아름다움이 각인되었다. 그가 현실에서 직감적으로 느낀 것들을 거침없이 표현하는 용기가 못내 부럽다. 대량으로 복사되었음에도 많은 작품들이 고가에 팔리는 모양이다. 돈이 되는 예술을 한 그는 성공한 예술가라 해야 하나. 예술을 망치는 사람이라는 따가운 비판 속에서도 작품화할 수 있는 작가적 정신이 바탕이 되었기 때문이리라. 예술은 먼 곳에 있지 않았고 손이 닿는 곳에 늘 있었음을 새삼 느끼게 한다.

나는 이 그림 앞에서 머뭇거리고 있다. 그녀의 시선과 입술, 짙은 윤곽에서 남성을 느낀다. 성의 차이를 딱히 구분지어 말하기가 군색해진다. 커다란 모자 때문에 첫눈에는 여자로 보았으나 단지 모자로 남녀를 구분하는 것은 무리다. 거리에서 캡을 쓴 젊은이들이 걸어가는데 남자인가 여자인가 해서 다시 돌아보게 되는 경우가 있다. 더구나 청바지까지 입었다면 더욱 그러하다. 한자를 보면 성의 차이를 어떻게 드러내는지 보여준다. 한자의 형성과정을 거슬러 올라가면 확연히 그 역할이 달랐다. 사내 男은 상형글자 田과 力이 합한 회의자이다. 이는 남성이 밭을 보습으로 가는 모습을 의미하는 것으로 가족의 생계를 위해 땀 흘려 일하는 모습이다. 그에 비해 상형글자 女는 아이를 생산하기 위해 무릎을 꿇고 앉은 모습을 본뜬 것으로 여성의 특징이 생산에 있음을 잘 반영한다. 그 역할이 완연히 구분되어 성의 정체성이 억압되기도 하고 때로는 권위를 누리게도 했다.

어쩌면 남성과 여성이 속옷을 벗지 않는 한 다른 무엇으로 구분지어 말하기 곤란해질지 모르겠다. 예전처럼 가족부양이라는 짐을 남자에게만 지우지 않는다. 여성들도 사회참여를 하고 싶어 하고, 또 일할 기회가 똑같이 주어져서 남자가 할 일과 여자가 할 일의 경계가 무너져 간다. 여장 남자나 남장 여자를 즐기거나 꽃미남을 선호하는 사람이 있나 하면 성조차도 바꾸는 세상이다. 화장품도 더 이상 여성의 전유물이 아니다. 남아 선호가 여아선호로 바뀌거나 여성의 입심이 어느 때보다 세어지고 있어서 기울어졌던 추를 당긴다는 것이 오히려 역전되어버린 것이다. 청소하는 아내들의 짜증스러운 불만에 앉아서 변기를 사용하는 남편들이 늘어간다는 보도가 있으니 혼란스럽기만 하다.

정작 그림에 눈길을 떼지 못했던 것은 내 속에서 감추어진 남성의 표정을 보았던 것이다. 한복을 곱게 차려입거나 차를 음미하고 앉았을 때 잠시 본연의 성으로 돌아온 듯싶다. 몇 십 년을 같이 살아온 남편 앞이니 말투도 친구 대하듯 하여 상냥함은 약에 쓸려고 해도 없다고 할까. 밖에서 사무적인 일을 할 때는 더욱 그렇다. 조목조목 따지거나 주장을 펴니 이제는 여성답다 남성답다는 표현은 오래된 수식어가 아닐까. 오늘을 사는 우리들의 자화상을 보는 듯하다. 요조숙녀라는 미덕이 내숭으로 비치고, 다소곳한 것은 자기 PR시대에 살아남기 어려운 유물이 되어버렸다. 남성도 마찬가지다. 워홀 자신도 은빛의 벙거지 같은 가발을 즐겨 썼다고 한다. 틀을 싫어하고 깨어버리려는 그는 사람들에게 놀라움과 충격을 주었고 카타르시스를 느끼게 했을 것이다.

나는 지금 호르몬이라는 묘약이 다 되어 가는가 보다. 바지를 즐겨 입으면서 더욱 그리된 것일까. 돈벌이를 하거나 경제권을 쥐고부터일까. 워홀이 남성화되어가는 현실을 직시하고 경고를 보내는 것인가. 그림은 내 안의 여성성과 남성성을 이야기하고 있다.

나비의 꿈

어제는 텃밭에 갔습니다. 무슨 싹인지 알아볼 수 없던 떡잎들 사이로 푸른 잎을 밀어 올리니 얼굴을 알아보겠습니다. 어찌 작은 씨앗 속에 이런 푸른 그림을 숨겨두고 있었는지 모르겠습니다. 몸집이 불어나 자리가 비좁아 솎아볼 생각입니다.

사람들의 얼굴이 제각각이듯이 씨앗들이 밀어올린 싹이 모양도 다르고 초록도 한 가지 색이 아닙니다. 그동안 세상을 몇 가지 색깔로만 말해왔습니다만 많은 초록들을 텃밭에서 보았습니다. 옅고 짙음으로 달리하는 빛깔들을 무슨 색이라고 말할까 싶네요. 상추잎색, 시금치색이라고 할까요. 그러고 보니 배추색이라는 말이 있었네요.

서로 다른 빛깔과 모양으로 자라는 텃밭은 어우러져 보기가 좋습니다. 사람 사는 세상도 서로 다른 인종과 나라가 어우러져 그렇게 아름다운가 싶네요. 갸름하고 연한 빛은 상추 잎, 짙은 녹색의 건강한 시금치, 동그랗고 귀엽게 나풀거리는 아욱 잎, 애기빗처럼 갈라진 당근 잎들이 귀엽기까지 합니다. 땅은 어찌도 씨앗들의 개성을 알고 잘 길러내는지. 흙의 숨은 모성을 확인하는 순간입니다.

그런데 배춧잎을 보니 속이 상합니다. 이제 겨우 넓은 잎 두어 장을 펼치고 고갱이들이 자라고 있는데 벌집처럼 구멍이 나서 휜합니다. 세상에 나오자마자 이런 수난을 겪다니 살아나기 힘들어 보입니다. 아주 녹아버린 듯 힘없이 주저앉아버린 것이 있나 하면 그나마 키가 자라 숭숭 뚫린 채로 볕을 받고 있는 것도 있으니 살아나길 기다려봐야 하나요. 하필이면 배춧잎만 이지메처럼 집중 공격을 당했는지. 열무는 너무 싱싱하게 자라 이제 밥상에 올릴 정도로 탐스러운데 말입니다.

이렇게 무지막지하게 먹어치운 침입자를 찾아내어야겠습니다. 잎의 앞과 뒤를 샅샅이 살피는 동안 느림보 달팽이를 만났습니다. 달팽이는 제 집을 짊어지고 조용히 움직이는 연약한 곤충인데 이곳에서 맞닥뜨리다니. 그동안에 가졌던 호감이 혼란스럽습니다. 내 텃밭을 망치는 달팽이를 차마 죽일 수는 없어 집어던졌습니다. 고갱이 속에 검은색의 조그만 벌레가 웅크리고 있네요. 징그러워 멈칫 물러섰습니다. 이파리 뒷면을 살피니 연하디연한 배추벌레가 밥풀처럼 붙어 있어요. 이 텃밭에서 배추에게만 벌레들이 이다지 몰려드니 야속합니다. 아마 잎이 너무 연약하거나 맛이 유난히 좋은 탓인가 싶네요. 벌레들을 하나씩 집어내며 배추들이 살음하길 바랍니다.

저 벌레가 자라면 무엇이 될까? 배추벌레는 배추흰나비가 되는 게 아닌가. 문득 '우화'란 말이 떠오르고 '나비야 청산가자.'라는 말이 입안에 맴돕니다. 나비는 내 환상의 꽃밭을 분분하게 나르며 기분이 좋아지게 했습니다. 노랑나비 흰나비가 훨훨 날아다니는 장다리꽃 핀 들길을 걸으며 아름답고 행복해지는 그런 세상으로 나비의 날갯짓을 따라가고 싶습니다.

벌레들을 모조리 잡아내는 동안 증오심이 들끓었습니다만 내가 얼마나 이율배반적인가 싶네요. 애벌레시절이 없는 나비가 있던가요. 내 텃밭을 침범했기로서니 그것들에게는 맛있는 식탁이었을 뿐입니다. 얼마나 배추를 좋아했으면 배추벌레라고 하고 배추흰나비라고 불렀을까요. 그들이 살아가는 데 배추는 양식일 만큼 중요하지요. 더 많은 나비들을 만나려면 배추의 희생은 참아야할까 싶네요. 그렇게 생각하니 배추색을 띠고 있는 배추벌레도 귀엽습니다. 잠자리 날개처럼 투명하도록 잎을 갉아먹더라도 말입니다.

배추가 살아가는 것도 어렵지만 애벌레도 힘들기는 마찬가지일 겁니다. 내가 집게로 잡아 올리거나 독한 약을 뿌리지 않더라도 빠른 속도로 자라지 않으면 언제 죽을지 모릅니다. 오늘도 새들이 자주 이 텃밭에 오갑니다. 가엾게도 제 몸을 보호하려고 배춧잎

닮은 색으로 잎 뒤에 조용히 숨어서 나비의 꿈을 꾸고 있습니다. 어서 몸집을 불려 네 번의 허물을 벗고 번데기의 시절을 지나야 드디어 우화하여 세상을 마음껏 날아 보는 것입니다.

아무리 모성으로 붙들어 매어도 세상 밖은 전쟁터로 생존을 위한 틈바구니에서 모두가 살아남아야 합니다. 그날이 올 때까지 배추벌레들이 몇 마리나 살아남아 있을지 모르겠습니다. 수많은 다른 몸들이 소신공양한 덕으로 살아남았을 나비들이 눈물겹도록 장합니다. 이제 텃밭은 나만의 텃밭이 아닙니다. 여러 씨앗들이 밀어올린 텃밭이 아름답듯이 모든 생명들이 어우러져야 할 것 같습니다. 땅이 베풀어준 은덕으로 자라는 소중한 푸성귀들을 내 것이라고 고집할 수가 없게 되었습니다. 비록 미물이라고는 하지만 저마다 꿈을 가지고 살아가고 있으니까요.

애벌레야, 부지런히 몸집을 불려 우화하거라. 새들에게 먹히지 말고 배추 잎을 벌집처럼 뚫더라도 내 기꺼이 거두어 맛있게 먹으마. 내 이웃들에게도 나누어 한 끼의 찬이 되게 하리라.

오래된 잠

그곳은 태양이 닿지 않은 곳. 달빛과 별빛이 스미지 않는 개펄 속에 섬처럼 갇혔다. 오늘 하루 한 장의 사진이 내 머릿속을 헤집고 다녔다. 캄캄한 잠 속에서 생명을 보듬어 안고 있다가 새처럼 뾰족한 주둥이를 햇빛 속에 내민 이것은, 7000년 전 수생식물이다.

선사유적 옆 신석기시대 습지에서 발견된 것으로 자연 발아된 것이다. 학술적으로 증명해야 하는 숙제를 안고 있지만, '사질점토층'이라는 해수면보다 낮은 펄 층에 오랜 시간 파묻혀 있었다고 한다. 진위를 떠나서 오랫동안 생장을 멈춘 상태로 있다가 환생하듯이 모습을 드러낸 것만으로도 충분히 감동적이다.

묻혀 있던 시간은 과히 우주적인 시간이라고 할 만하다. 타임머신을 타고 별빛을 따라 먼 여행에서 갓 돌아온 듯, 푸른 촉을 올리고 물을 찾아 떠나는 뿌리들의 발길이 분주하다. 생명의 끈을 놓지 않고 살아있었다는 것은 어떤 것으로도 설명될 수 없으리만치 값지다. 그 간절한 염원과 인내가 눈물겹다.

맛있는 음식을 탐하느라 우리들의 식탁은 먹을거리들로 넘쳐난다. 생각 없이 번식시켜서 마구 죽이는 바람에 얼마나 많이 희생시켰는가. 사람을 중심으로 생각하는 우리들 눈은, 흔하디흔한 생명들을 하찮게 여기는 데 익숙하다. 인간의 편의주의가 지구를 황폐하게 만들고 스스로를 병들게 한다. 그보다 끔찍한 일은, 아직도 곳곳에서 벌어지고 있는 전쟁으로 수많은 목숨들이 희생되고 있다. 만물의 영장이라는 사람이 명분을 앞세워 눈가림하고 있는 것이다. 어찌 사람이 사람을 죽일 수가 있는지. 인간이 저지르는 가장 큰 죄악인 전쟁은 없어야 하리. 쉽게 사라지고 하찮게 여길 수 있는 생명 경시 현상 앞에서 이 한 포기는, 생명이 얼마나 소중한가를 생각하게 한다.

가끔은 깨지 않는 잠 속으로 도망치고 싶을 때가 있다. 의미 없이 보낸 날들로 사는 것이 무료해질 때, 고난을 피해 순간의 멈춤이 필요할 때, 개펄 같은 생이라고 여기며 내 마음이 지옥이었을 때가 그렇다. 어떻게 생명의 끄나풀을 놓지 않고도 오래도록 잠잘 수 있을까. 오랜 침묵 끝에 새롭게 열린 세상을 또 어찌 견뎌낼지. 거친 시간만큼이나 낯섦 또한 이겨내기 어려울 텐데.

지키려는 생과 견디는 생이 아름답고 값지다. 몇 해살이 끝에 느닷없는 갇힌 이 풀은 무엇을 위해 고스란히 생명을 지켜왔을까. 자기 본성을 잃지 않고 오래된 번식의 대물림을 이어가려는 것인가. 아마 흥건한 못물을 풍성하게 만들거나 넓은 초원을 이루고 싶으리. 다른 생명들의 밥이 되는 보람 뒤에는 훗날 거름으로 보답받는 때가 오리니 서로에게 생명을 주는 셈이다. 오랜 잠 속에서 살아나 약초처럼 내 정신을 일깨운다.

잠에서 깬 듯 가슴이 뜨거워져 온다. 정전이 되었다가 불이 켜진 듯 환해지는 순간이다. 새 촉을 내기 위해 뿌리의 생장점을 자라게 하고, 한 촉의 이파리를 여는 이름 모를 개펄 속 생이 어찌나 살갑고 힘나게 하는지. 오랜 침묵 끝에 열림이라 더욱 그러하다.

오늘 내가 살아있어 참 좋습니다. 내게도 천년의 숨결 한번 불어넣어주었으면. 세상을 향해 파릇한 이파리 피워 올리고 싶어집니다.

4.

앳되고 고운 날은 강물처럼

신산했던 날들의 무늬가 한 폭의 베에 올올이 여물어갔으면. 햇볕 따스운 날에 바지랑대 높이 들어 올려 어룽거리는 무늬 옷감을 말려볼 날을 믿어본다. 파란 잔디 위에 숨결 같은 바람이라도 불어주면 더욱 고맙겠다.

꿈속의 집

─물속의 돌

그림 속의 돌은 물을 만났다. 여울물이 흐르는 얕은 강바닥에 공간 하나 차지하고 부드러운 물의 흐름에 몸을 맡기며 제 빛깔을 드러냈다. 돌의 나이테를 따라 노랗게 또는 푸른 선으로 켜켜이 그리는 무늬들. 검고 둥근 돌에 흰 점박이가 별처럼 박혔다. 서로 다른 성질들이 들어와 하나가 된 돌은 둥글둥글하다. 어릴 적에 강물에 발목을 담근 채 동글납작하거나 주걱을 닮았든지 무늬가 예쁜 돌들을 주워 올렸다. 그들은 보석처럼 예사롭지가 않았다. 젖었을 때의 돌들은 하나같이 아름다움을 뿜어냈다. 오묘한 모양과 무늬를 바라보며 한참을 만지작거리다가 물기가 걷히면 던졌다.

길을 잘못 들었을 때 뜻밖에 행운을 만나듯 이곳도 등산로를 잘못 든 뒤 우연히 발견한 곳이다. 더 이상 올라가봐야 이미 어긋나 있어서 기웃거리다가 찻집처럼 보이는 곳으로 들어선다. 가운데 정원을 중심으로 방들이 'ㅁ'자로 배치되고 조그만 창들은 정원을 향해 있다. 귀족의 집을 개조했다는 페루의 어느 호텔 풍경을 떠올리게 한다. 출입구에 있는 홀은 차를 마시며 이야기를 나누는 곳으로 '물속의 돌'이라는 이름으로 불린다. 벽장식을 한 돌들이 동글동글하니 제각각이다. 주인이 손수 개울에서 주운 것으로 사람들의 얼굴처럼 비슷하면서도 또 다르다. 딱히 잘 곳을 정하지 않은 터라 며칠을 묵어가려고 한다. 저녁밥을 먹은 사람들이 하나둘씩 모여들어 차를 마시거나 이야기를 나눈다. 저마다 개성이 있다.

주인은 불목하니처럼 텁수룩하다. 그곳에 앉은 사람들도 별반 다르지 않게 헐렁한 차림이다. 화제가 다양해서 저마다 다른 이야기들을 털어놓는데 흡수지가 빨아들이듯 귀를 기울이는 모습이 사뭇 진지하다. 어쩌면 그렇게 경청할 수 있고 진심으로 들어주는지 자신들의 관심사를 털어놓는데 지루해하거나 거북해 보이지 않는다. 방에 들어와서도 주인의 모습이 자꾸 떠올라 무엇이 그런 분위기를 만드는지 알고 싶어진다.

그와 같이 있으면 무슨 말이든 들어줄 것 같다. 속을 다 꺼내 보이고 싶을 만큼 경계를 무너뜨려 물처럼 스며들게 한다. 그의 장기는 사람들이 가지고 있는 무늬를 잘 읽어내는 데 있다. 그의 자유로운 영혼은 서로 모르는 사람끼리 목욕탕에 들어간 듯 벌거숭이가 되게 한다. 삶의 모습이 달라 수석이든 모난 돌이든 물 같은 주인과 만나면 제 빛깔을 찾아가는지라 조금씩 소문이 나기 시작했다. 사람의 무늬를 알아보고 숨어 있는 보석을 되찾아 주기 때문이다.

그가 이곳으로 들어오게 된 것은 삼십대 초반부터 세계 곳곳을 누비며 느낀 바가 있어서다. 특히 사람들의 발길이 드문 곳에 갔을 때 언어가 통하지 않아도 걱정할 필요가 없었다. 그들의 표정과 몸짓으로 충분해서 짧은 만남을 아쉬워하며 헤어질 때는 눈물까지 보였다. 국내여행도 이름이 알려진 곳보다는 사람들이 잘 찾지 않는 산이나 섬으로 다녔다. 낯선 곳에서 만난 이들이 베풀어준 소박한 인간미가 사람에 대한 경계를 푼다는 것을 체험했다. 자신이 받은 것을 되돌려 주고 싶었다. 해발 800미터 되는 산의 중간쯤 계곡물이 흐르는 옆에 너와집을 지었다.

평범하게 살던 사람들도 이곳에 오면 매력적인 사람이 된다. 그곳을 찾는 사람들이 다양하여 주인에게 영향을 준다고 여길는지 몰라도 그가 하는 말이나 행동은 별반 달라지지 않는다. 오히려 주인의 영향이 컸다고 말할 수 있는 건 여기 왔던 사람들이 다시 찾는다는 점이다. 일에 쫓겨 내가 뭘 하는 사람인가 회의를 느낄 때에 묵은 때를 씻어낸 빨래처럼 깨끗해진 몸에 빳빳한 풀기를 세워 주어 다시 찾아들게 된다.

주인은 며칠째 관솔나무를 다듬더니 잔디밭 위에 또 한 마리의 새를 살포시 앉힌다. 새처럼 자유로운 사람답다. 찻잎을 덖는 그에게서 풋풋한 차향이 배어난다. 비탈에는 제법 큰 야생차나무가 자라고 있었다. 며칠 전에 만든 발효차라며 작은 항아리를 내놓으며 차 맛을 보라고 한다. 주전자의 뜨거운 물을 붓고 자완에 차를 따르자 자색이 투명하리만큼 맑다. 혀끝에 감도는 햇차의 맛이 온몸을 따뜻하게 적시며 스며든다. 나는 감사의 표시로 가지고 간 망초꽃 다발을 찻잔 옆아 놓아주고 그에게도 한잔 건넨다. 우리는 망초꽃과 닮은 안개꽃 이야기를 하든지 집 뒤로 조금 올라가면 호수의 경사진 둑에 지천으로 핀 망초꽃들이 바람에 흔들려 꽃멀미가 났다는 말을 나눌 것이다.

그곳에는 화가가 묵었는데 스케치를 하러 오전에 나갔다가 해거름이면 이젤을 가지고 돌아온다. 어떤 날은 정원의 달리아꽃의 베갯모 같은 꽃숭어리를 실눈을 뜨고 오래도록 바라보다가 붓질을 한다. 개울을 따라 오르면 너럭바위에 주로 명상을 하는 이가 눈을 감고 앉았는데 그 아래 소에 떨어지면 어쩌나 싶다. 산중의 하루는 짧아 불을 끄고 누우면 산의 기척소리가 난다. 짐승울음 같기도 하고 숲을 스치는 바람소린 듯 작은 소리들이 더욱 적막하게 만든다. 간혹 기타 줄을 퉁기는 소리가 들리는데 작곡가가 악상을 놓치지 않으려고 음을 짚어보는 소린가 싶다.

이곳의 음식은 텃밭에서 농사지은 것들이 식탁에 오른다. 가지나물, 상추와 고추며 열무무침 등의 채소들이라 뱃속에서 귀뚜라미 소리가 들려올 것만 같다. 하지만 속은 편하고 물리지 않는다. 진한

양념과 고기 맛에 길든 입맛을 순수한 자연 상태로 돌려놓는다. 몇 안 되는 재료들로 맛나게 만드는 재주가 놀랍다. 이곳에서 가장 재미있는 사람은 전체가 동그랗다는 인상을 풍기는 성악가다. 주로 산속으로 가서 노래를 부르는데 먼 메아리처럼 들린다. 차실에 들어오면서 인사말도 테너로 노래한다. 모두의 시선이 모아지고 그의 재미있는 얼굴을 닮아간다. 시인은 번개처럼 스치는 시구 하나를 놓치지 않으려고 허겁지겁 내려오면서 뚱딴지같은 말을 중얼거리거나 하이데거와 노자를 들먹여도 누구도 거들먹거린다고 여기지 않는다. 그의 해석이 너무나 진지하기 때문이다.

사람은 외로운 법이다. 도시에 살고 있는 사람들은 흘러간 물의 기억을 떠올리려고 안간힘을 쓰지만 강변의 수많은 자갈마냥 메말라 간다. 서로 기대어 모여 살아도 외롭기는 마찬가지다. 내가 이곳에서 지내는 사람들을 보고 있노라면 물속의 돌을 보듯 빠져든다. 세상은 그들의 매력을 몰라주었지만 주인은 고치의 실마리를 잡아내듯 그 사람의 모두를 끄집어낸다. 그가 내게서 무엇을 끄집어내었는지 잘 모른다. 한 가지 분명한 것은, 그와 같이 있으면 지금껏 털어놓아본 적이 없는 이야기들이 자갈을 울리며 흘러가는 물처럼 이어진다는 것이다. 세상에서 아무런 존재가 아니라고 여기더라도 이곳에서는 모두가 잘난 사람이 된다. 물을 만난 돌들이 다시 살아난 것이다. 충분히 매력적이다. 내일 이곳을 떠나는 사람들은 가장 아름답고 충만한 시간을 보낸 터라 자갈밭 같은 세상에 던져지더라도 한동안은 잘 지낼 것이다.

내가 꿈꾸는 집에서 돌을 하나 건져 올리자 점점 물기가 걷히기 시작한다.

* 조지 오웰의 에세이 〈물속의 달〉 패러디

쪽물을 들이며

쪽 가루가 뜨거운 물에 풀리면서 물빛이 그윽하게 깊어진다. 기억의 저편에서는 쪽빛 옷이 아른거리고 스카프가 바람에 나부낀다. 어느 날 전시장에서 쪽빛에 마음을 빼앗긴 후, 그 빛깔을 얻으려면 어느 정도 경지에 이르러야 할까 생각했다. 나는 색을 내기가 어렵다고 하는 그 쪽물을 만들기 위해 벅차오르는 가슴을 누르며 손놀림이 사뭇 조심스러워진다. 쪽염과의 첫 만남은 신선했고, 아직 제 빛깔을 다 보여주지 않은 물빛으로 가슴에는 물비늘이 인다. 거품이 일지 않게 보드라운 채로 내린 터라 수면이 고요하다. 냄새가 톡 쏘듯이 코를 훑고 지나간다.

부채처럼 접은 하얀 모시를 스르르 풀어내리니 스며드는 물빛이 곱다. 얼룩이 질지 모르니 감상만 하고 있을 겨를이 없다. 부지런히 주무르고 치대어 널어놓고 보니 옥빛이 하늘을 닮았다. 염액에 담그고 널기를 거듭하는 동안 점점 가을 하늘이 되어간다. 허리와 팔다리가 뻐근해질 무렵에는 깊은 바다처럼 짙푸르다. 연하면 연한 대로, 짙으면 짙은 대로 보기가 좋았다.

울긋불긋한 옷감들이 진열된 화려한 주단가게처럼, 우리가 사는 세상도 저마다의 빛깔을 지닌 이런저런 삶들이 어우러졌을 게다. 보는 이에 따라 좋아하는 빛깔이 다르겠지만 그 자체로 볼 때에 아름답지 않은 것이 어디 있겠는가. 특별히 바라는 빛을 만족스럽게 얻었을 때 색의 극치를 맛보듯이, 세인들의 부러움을 사는 삶을 꿈꾸지 않는 이 없으리. 초보인 나의 손은 고무장갑 속에 면장갑을 끼고도 퍼렇다. 그릇과 베란다며 거실을 지나다닌 발바닥도 온통 푸른 물이 배어 어수선했지만, 눈은 오로지 널어놓은 쪽빛으로만 쏠렸다.

꽃물이라고 하는 쪽물감은 만드는 과정이 무척 까다롭다. 나주의 명장 집에서 보았던, 즐비하게 늘어선 독에는 쪽물들이 익어가고 있었다. 당그래로 저어주며 그분은 "요즈음 즐겨 입는 청바지 대신에, 쪽물 들인 바지를 대중화하는 것이 꿈입니다."라고 했다. 쪽에 대한 사랑의 깊이를 가늠할 수 있었다. 간에 좋다거나 피부병에 특효라 하여 실제로 효과를 본 사람들이 쪽물을 얻으러 오기도 한다니 오랜 전통으로 내려오는 쪽에 애착을 더하게 되나 보다.

몇 년 전이다. 얻어온 쪽 씨를 뿌려놓고 한 번도 본 적이 없는 이파리 모양이 궁금해서 자고 일어나면 먼저 밭두렁에 나가 싹이 올라오나 살폈다. 여뀌를 닮은 쪽은 습한 곳을 좋아해서 마디가 눕기라도 하면 거기서 잔뿌리가 돋아나 가지가 번성했다. 과연 내가 쪽물을 만들 수 있을까. 점점 자신이 없어졌다. 씨를 받아 둘 요량으로 늘어진 이삭들이 여물어갈 무렵 낫으로 베어 눕히니 초록 잎에서 짙은 쪽물이 배어 나왔다. 놀라웠다. 지금 생각해도 그냥 두고 온 것이 내내 아쉽다. 다행히 쉽게 내 뜻을 이루어줄 수 있는 분말이 있다는 걸 알았다. 그 반가움에 오늘 일을 벌이게 된 것이다.

아직 염색에는 서툴지만 몇 번의 시도는 해보았다. 늦가을이었던가, 흔한 소재로 양파껍질을 구하러 농산물공판장에 갔다. 양파를 작은 망에 담아내는 일을 하시는 아주머니들에게는 호사를 부리는 것 같아 미안해서 조심스럽게 물었다. 약을 할 거냐고 하기에 그렇다고 얼버무리니 그냥 가져가라고 했다. 썩은 껍질과 흙이 묻은 것들을 골라내고 끓인 물에 옷감을 적셨다. 펼쳐서 널어보니 하얗던 옥사 천이 잠자리 날개처럼 양파 빛을 고스란히 담아냈다. 이렇게 하면 되는구나. 돌아보니 염색 소재들이 지천이다. 검은 콩, 밤, 감, 소나무, 황토, 쑥, 애기똥풀……. 모두가 저마다의 빛깔을 띠고 바라본다. 씨앗들은 흙에서 뽑아 올린 양분으로 잎과 꽃, 그리고 열매들이 서로 다른 빛깔로 제 모습을 뽐낸다.

그들의 빛깔을 천에 고스란히 담아낼 수 있다는 생각을 하니 위대한 발견이라도 한 듯하다. 매염재를 달리 해보았다. 저고릿감은

백반에, 치맛감은 철매염을 했다. 짙은 황금빛 저고리에 카키색 치맛감이 되었다. 옷을 해 입고 모임에 갔더니 빛깔이 곱다고 다들 놀랐다. 부러워하기도 하고 어떻게 만들었는지 물어오니 갑자기 전문가 된 듯했다. 무엇과 만나느냐에 따라 이렇게 달라질 수 있다니, 신비스럽다. 같은 천이라도 한 번 담그거나 여러 번 담그는 데 따라 농도가 점점 짙어지고, 매염재의 종류와 양에 따라 오묘하게 바뀌니 깊이 빠져들 수밖에. 무지개가 뜨듯이 숨어있던 빛이 드러나는 순간, 빛이 이렇게 아름다운 것이었던가 싶었다.

사람살이도 그렇겠다. 누구와 만나느냐에 따라 삶이 달라졌고, 얼마나 많은 시간을 같이했느냐에 따라 깊어 감을 보았다. 연하면 연한 대로 다르면 다른 대로 모두가 아름답듯이 사람들은 저마다 빛깔을 지닌다. 그리고 수많은 만남을 통해 또 다른 빛깔을 만들어 간다. 그것이 나이면서 우리이고 사회인가 싶다. 마음에 들어 하든 싫어하든 그것은 그 사람의 몫일 게다. 빛깔을 알아주는 이가 있으면 기쁨도 커질 테다.

널어놓은 것이 궁금해서 베란다로 가보니 짙고 옅은 얼룩이 비친다. 욕심을 너무 내다가 낭패를 본 것인가. 감을 먹다가 감물이 들어 혼이 난 적이 있었다. 흰 러닝에 짙은 갈색으로 남았던 감물은 지워지지 않는 얼룩으로 기억된다. 염색집에 가서 천을 보이니 어룽거리는 무늬가 오히려 멋스럽다고 한다. 듣고 다시 보니 그럴 듯했다. 보기 나름인가.

내게도 감물처럼 얼룩진 날들이 있었다. 시간에 쫓기고 피로해서 자주 짜증과 화를 내며 보냈던 그 시절에, 아이들은 늘 나의 명치끝을 아프게 했다. 보람을 느낀 날보다 억울하다는 생각을 더 많이 했다. 생각해보면 대부분의 사람들도 얼룩들은 지니고 사는 것 같다. 거기에는 아픔이 있고 눈물이 스며있다. 서로 부대끼며 지내는 동안 만신창이가 되었거나, 숨 고르기 하든지, 여력이 없어 소리가 끊어지기도 했으리라. 얼룩을 안고 살아가는 이들의 상처가 무늬로 피어날 수는 없을까. 신산했던 날들의 무늬가 한 폭의 베에 올올이 여물어갔으면. 햇볕 따스운 날에 바지랑대 높이 들어올려 어룽거리는 무늬 옷감을 말려 볼 날을 믿어본다. 파란 잔디 위에 숨결 같은 바람이라도 불어주면 더욱 고맙겠다.

여러 번 뜨거운 염액에 드나들면서 구겨지고 공기에 노출되는 동안 여기저기 얼룩을 남겼다. 무늬로 보아주던 그녀의 말에서 힘을 얻는다. 하지만 이 분야에 전문가가 되고 싶은 생각은 없다. 오래 삭힌 쪽물에서 아름다운 빛깔을 만나고 싶을 뿐이다.

나는 지금 어떤 옷을 지어 입을까 궁리한다. 신명이 난다. 옷 한 벌이 지어지는 과정을 꿈꾸는 동안 행복하다.

황홀한 실종

현관에 들어서는 남편은 싱글벙글 자꾸 실없이 웃는다. 얼굴에 생기가 도는 걸 보니 좋은 일이 있었나 보다. 등산을 한다고 나갔던 사람이 여느 때처럼 피로한 기색이 없다. 오늘은 무엇에 홀린 것 같다는 말을 뱉고는 샤워를 하러 욕실로 들어간다. 첫사랑이라도 만난 것인가 싶다가도 나이가 몇인데, 젊은 날에도 안 해본 생각을 떠올리다니. 그래도 궁금하기는 하다.

하산 길에서다. 배낭을 덮은 비옷이 흘러내린 것을 보고 도와주던 여자가 있었다. 식당에서 나올 때 우연찮게 다시 만났고 일행들과 지하철을 탈 때도 방향이 같아 이런저런 이야기를 하며 오게 되었다. 아무리 경계심을 풀 나이라고는 하나 집까지 따라간 것은 이해가 안 된다. 건강한 남자들의 말소리와 웃음 탓일까. 남자들끼리의 산행이라 반주로 마신 술기운을 빌어 가긴 했으나 망설임보다는 호기심이 앞섰으리라. 무사히 돌아오긴 했지만 꽃뱀이 아니어서 다행이랄까. 더구나 〈몽유도원도〉에서 겨우 빠져나온 사람처럼 아직도 정신이 혼미한 가운데 내게 무용담처럼 털어놓는 속셈은 무엇인가. 슬그머니 심기가 사나워지려고 한다. 아마 이런 걸 노린 걸까.

아담한 이층집 안으로 들어서자 화려한 그녀의 삶이 거실과 계단을 따라 눈이 부시도록 화려했다. 꿈꾸던 일들을 이루어 성공은 했으나 곁에는 가족이 없었다. "저게 우리 집 보물 일호예요. 가을에 풍선초 열매들이 덩굴에 매달려 바람에 흔들리는 소리를 여기 이렇게 앉아서 들으면 풍경소리 같아요." 참새들과 대화를 나눈다는 말이 사실이었다. 새들을 친구처럼 부르자 어디선가 참새들이 날아왔다. 쫑긋거리며 바라보는 눈과 조잘거리는 모습을 그려본다. 외로운 여자가 보인다. 그 순간 〈금오신화〉가 떠올랐고 양생과 이생들이 꿈속을 헤매고 있다는 허황된 이야기가 사실이 될 수도 있구나 싶다. 용감한 초대와 위험한 방문이 현실적으로 가능했으니 나라면 어땠을까.

오늘 같은 날은 남쪽에서 장마가 올라온다는 소식이니 느긋하게 소파에 누워 지나간 TV프로 〈한국기행〉을 보는 게 낫겠다. 풍경 속으로 내가 걸어간다. 주산지의 흥건한 못물에 가을빛이 눈부시다. 울긋불긋한 산들이 잠겨 대칭을 이룬다. 오래된 나무들은 물속에 발을 담근 채 하늘에 가지들을 검게 붓질해 나간다. "그렇게 바라보다 물속으로 들어가겠어요." 남자가 내게 말을 걸어온다. 이곳 지리에 밝은 듯 묻지도 않은 말을 자꾸 풀어낸다. 이 계절에 아름답지 않은 것들이 있을까. 단풍이, 열매가 그렇고 비탈에 감국과 구절초들은 빛의 잔치 속에 향내를 풍기며 성숙되고 있다. 가슴에서는 풀벌레의 가느다란 울음소리가 들린다. 만나는 모든 것들이 아쉽고 허전하여 쓸쓸하다. 또 아름답고 슬퍼서 사랑하지 않을 수 없다.

이 남자가 시인이면 좋겠다. 시인은 언제나 사랑을 꿈꾸며 노래하기 때문이다. 그의 말은 알듯 모를듯해서 선문답처럼 들려오지만 묘한 대력에 빠져들고 만다. 염포 바닷가를 이야기하자 소금 알갱이들이 물의 꽃이라고 한다. 순간 소금밭에서 하얗게 핀 소금꽃들을 거두는 염부의 구릿빛 피부가 떠오른다. 자기는 소금꽃을 얻기 위해 날마다 영혼을 햇빛에 내어말린다고 한다. 말에 홀려 따라다니다가 고택의 대청마루까지 간 것은 이유가 있다기보다 저절로 그리된 것이다. 굳이 말하면 가을 탓이다. 마룻장은 오랜만에 손님을 맞은 듯 삐걱거린다. 주인이 국화차를 내어 온다. 윗대조상에 대한 이야기를 흘려들으며 돌확에 낀 이끼며 'ㅁ'자 모양의 기와집 지붕 위로 바위솔이 하늘을 들어 올리고 있는 풍경에 마음이 쏠린다. 입안에 감도는 국화향이 세포 속으로 스며들고 나는 가을 속으로 촉촉이 젖어든다. 나이도 모르고 어디 사는지도 모르지만 그가 쏟아내는 언어들은 새롭고 가슴이 벅차오르게 한다. 수수하던 첫인상과는 달리 철학이 담긴 그의 목소리에 빠져든 나는, 그를 따라나설 것만 같다. 돌발 상황에 대한 준비가 아직 되어 있지 않다. 모험심이 있어야 사랑도 한다는데 언제나 발밑의 징검다리가 안전한지 보아야 마음이 놓인다. 나는 더 이상 발전하지 못하리란 걸 안다. 어설픈 사랑은 기껏 차 한 잔을 끝으로 소설 속 인물처럼 사자를 몰아내고 스스로 우리 안으로 찾아들 것이다. 이 무슨 이율배반인지 심장은 아직도 두근거리며 뛰고 있다.

텔레비전 화면에 출연자들의 자막이 흐른다. 〈한국기행〉을 보다가 얼핏 잠길에 들어 황홀한 실종을 꿈꾸었나보다. 남편 탓이다. 언제나 돌아올 수 있는 거리까지만 갔다가 오는 날의 일탈이다.

기차가 떠나가네

기적소리 울리며 지나가는 기차를 향해 어른들은 들일하던 손을 멈추고 손을 흔들어 주던 날들이 있었다. 아이들도 덩달아 신이 나서 단풍잎 같은 손을 흔들며 함박웃음을 지었다. 드문드문 지나가는 화물 열차의 꼬리가 사라지기 전에 열하나, 열둘……. 칸수를 헤기 바쁘다. 열차에 사람이 탔을 때는 그렇게 반가울 수가 없다. 어디론가 가고 있는 그곳은 내가 꿈꾸는 세계인가 했고, 낯선 사람들의 모습만으로도 미지의 세계와 접한 듯 신선했다. 언젠가는 나도 기차를 타고 떠나겠다는 생각을 하면서 손을 흔들며 답해오는 그들을 향해 더 힘차게 손을 저었다.

지금은 그때의 기적소리를 들을 수 없다. 미끄러지듯이 달리는 기차는 몇 분 간격으로 수없이 지나간다. 기적소리는 소음이 되고 그때의 속도는 느림이 되어 차창으로 보는 바깥풍경은 빛의 줄무늬가 되어 뭉텅뭉텅 잘려나간다. 어느덧 손을 흔들어 주던 아이는 기차 안의 사람이 되어 어디론가 바쁘게 나가서는 되돌아와야 한다. 아침부터 부산하게 서둘러 한바탕 헤매고 돌아오는 어두운 저녁, 어깨 위에 피로 한 짐 지고 와서 부려놓는 집안. 가족들을 위해 해야 할 일들로 남은 기운을 소진한다. 그렇게 하루가 과거를 낳고 미래를 이룬 지금, 간이역에서 떠나가는 기차를 보고 있는 나를 문득 느낀다. 내가 없는 차창 안의 풍경은 스크린처럼 계속 지나간다.

들판은 아파트와 상가들로 좁아지고 손을 흔들어주는 이 없는 기차는 나를 내려놓고 자꾸만 떠나간다. 어둠살이 낀 차창으로 윤기가 흐르는 젊은 내 아이 또래들의 제법 점잖은 모습이 스쳐 지나간다. 단풍잎 같던 손은 거미처럼 엉성해서 흔들 기분이 아니다. 시간의 바깥으로 떨어진 것인가. 꿈 많던 그때의 나는 어느덧 구경꾼이 되어서 무언가 휑하니 빠져나간 듯 허전해 한다. 본래의 자리로 왔다고 해야 할지. 공간은 그 자리에 가만히 있는데 시간은 열차처럼 지나갔었다. 그 속에 타고 있을 때는 이리저리 공간을 헤매고 다니느라 분주해서 빗금처럼 스쳐가는 시간을 놓치고 만 것이다. 동심도 함께. 아니 망각한 것이다.

이렇게 한 인생이 자락을 접듯이 저무는구나. 지금까지 나만을 생각하며 나의 눈으로 세상을 보았다. 그러나 흐려진 눈 탓인지 내가 없는 세상이 보인다. 한 무리의 낯선 사람들이 내가 앉았던 자리에서 화목하게 웃음을 건넨다. 일을 도모하고 세상을 경영하는 믿음직한 모습이다. 나를 잃어버린 것이다. 이맘때쯤이면 누구나 겪게 되는 여러해살이의 보편성 속에 묻히는 것인가. 입맛이 씁쓸하다.

낡고 새로워지는 것이 시간이라면 새로움을 위해 조금씩 허물어지는 것을 탓할 수는 없으리. 과거, 현재, 미래가 원래 정해진 바 없다는 말처럼 새로워지기 위해 허물을 벗는 순환의 고리를 겸허히 받아들여야 하리.

내 앞에서 기차는 계속 떠난다. 차창 속에는 따뜻한 풍경들을 담은 채 어디론가 바쁘게 떠나간다. 기차 곁에 있으면 가만히 있어도 덩달아 움직이는 착각에 빠지듯 두둥실 떠가느라 어지럼증이 인다.

앳되고 고운 날은 강물처럼

가슴이 빈 날에 혼자 펼쳐보는 오래된 사진 하나. 녹두알만 한 얼굴들의 표정이 무척 심각하다. 까르르 웃음보따리를 봉숭아씨앗처럼 잘도 터뜨리던 가시내들. 소풍날의 즐거움은 감추고 굴비 엮듯이 나란히 팔을 붙들고 폼을 잡았다. 그 시절 우리들은 카메라 앞에 서면 대부분 표정이 그랬다.

무태, 그 둔탁한 발음만큼이나 소박한 풍경 뒤로 함지산이 희미하게 보인다. 지금의 어디쯤일까. 밤나무 숲이 있던 자리에 아파트가 숲을 이룬 것인가. 훤히 들여다보이는 맑은 물에 발을 담그면 모래가 발가락 사이로 빠져나가고 송사리들이 떼 지어 물을 거슬러가던 그곳에는, 숲과 모래사장이 있었다. 우리들은 둥그렇게 원을 그리고 앉아 사이다병을 땄고 땅콩이나 싸온 김밥 보따리를 풀었다.

반별 모임이 끝나고 슬쩍 카메라 앞에 섰나 보다. 치맛자락을 잡은 영숙이 곁에 용희 그리고 옻골에 사는 최 누구지? 몇 십 년 부르지 않았더니 이름이 생각나지 않는다. 환출이까지 모두 서울에 살고 있어 소식 없이 지낸 지 오래다. 검정교복에 카라꽃처럼 핀 앳된 얼굴들 속에서 맨 끝에 있는 나를 우리 손자들은 알아볼까?

소풍지라고 해야 뻔했다. 안지랭이, 고산골, 수성못, 화원유원지, 무태……. 몇 번씩 가본 곳이다. 학년 대항 장기 자랑할 때는 맘보와 트위스트 춤이 단연 인기를 끌었다. 보물찾기와 선생님들의 일탈된 모습을 보는 즐거움도 컸다.

그날은 만원 버스에 시달리지 않았나 보다. 늘 콩나물시루 같은 버스를 타고 다녀 구겨지고 밟혀 수세미처럼 되었기에, 멋은커녕 촌티를 면하기 어려웠다. 괜찮은 남학생이 책가방이라도 받아주는 날은 기분 좋은 날이다. 다음날에도 그 시간에 맞추어 버스를 타도 속으로만 살구꽃이 피었다 진다.

그때의 친구들과 거기가 세상의 중심이었던 때는 지나고, 서로 소식이 끊어진 채 앨범 속에서만 오순도순하다. 우리들의 앳되고 고운 날은 강물처럼 흘러가버렸다.

사라진 손바닥

청도로 가는 길에 유등연지에 들렀다. 흥건하던 물은 겨우 가르마만큼 남겨두고 펄을 훤히 드러냈다. 시든 꼬챙이들이 성근 모발처럼 박혔다. 그 많던 초록의 손바닥은 다 어디로 갔을까? 수줍게 피워 올린 고봉밥의 꽃송이들이야 애당초 기대하지 않았다만, 폐허 위에 묵언하듯이 고개 숙인 저것들이 그날의 흔적들인가. 야위고 초췌한 몰골이라니. 사라지는 것은 저렇게 낡아가는 거라고 말하는 듯하다.

〈사라진 손바닥〉이라는 시가 위안이 된다. 시인도 나처럼 다 늦은 계절에 연지를 찾았나 보다. 시들어 가는 것들 그 너머에 있을, 먼 훗날에 올지도 모르는 꽃과 연밥에 가 닿은 시선과 기다림은 바스락거리는 마음에 불을 지펴 따습다. 연자가 소복이 담긴 연밥을 지어 올리는 연잎의 너른 손바닥을 떠올리니 지극한 모습에 가슴이 먹먹해진다.

요즈음에 와서 어머니의 밥상을 자주 받는다. 아버지의 병환으로 병원에 드나드는 일을 자주 하다 보니 친정에 들르게 되면서 그렇게 되었다. 아버지를 더 챙겨드려야 하는데 딸 걱정을 많이 하신다. 머리가 희끗해지는 것이 그렇고 야물지 못한 체력도 못미더워 당신의 놀란 가슴에 걱정까지 보태고 말았다. 어머니의 힘은 어디서 나오는지 알 수가 없다. 팔순의 연세에 자식의 밥상 차릴 때 보면 기운이 넘친다. 상이 비좁도록 차려놓은 반찬을 골고루 다 먹어야 하는 것은 말할 것도 없다. 이것은 눈이 밝아지니 먹어야 되고, 저것은 뼈에 좋고……. 밥상머리에서 하시는 말씀에 신명이 묻어난다.

어머니의 손은 저승꽃이 피고 갈퀴처럼 울퉁불퉁하고 굽었다. 손뿐만 아니다. 물기들이 빠져나간 얼굴과 몸은 저 연지의 마른 줄기를 닮았다. 고왔던 모습은 다 어디로 가고 육신은 허물이 되어간다. 어디에도 윤기는 흐르지 않으니 더운 혈기가 느껴지지 않는다. 마음도 나이가 드는 걸까. 그다지 기뻐할 일이나 노여워할 일도 없어지고 그저 무심하니 보내느라 어제나 오늘이 별반 다르지 않다. 대부분의 시간을 집안에서 보내신다. 하지만 정신은 자유로워 자식들이 사는 곳이면 어디든 마다 않는다. 이집 저집 드나드는 건 물론이거니와 세월을 거슬러 오가시니 적적할 틈이 없다. 거기다 텔레비전이라는 좋은 친구도 있으니 말이다. 하루도 빠짐없는 기도는 우리들을 지키는 꺼지지 않는 불씨인가 싶다.

자식들을 펄 같은 세상으로 다 내 보냈으니 걱정이 오죽하랴. 연자는 자랄 수 있는 환경에 가 닿을 때까지 생명을 지키고 있다가 몇 백 년이 흐른 뒤에라도 꽃을 피운다고 했다. 어머니의 야윈 손이 내 가슴 깊은 곳에 닿아 따뜻하다. 나도 어머니처럼 영원한 시간의 이음새 역할을 할 수 있을지. 내게도 몇 점 혈육이 있어서 늙어 시드는 것이 슬프지 않으리.

썰물이 빠져나가는 소리

편집하지 않고 봉투 속에서 잠자고 있던 사진들을 펴놓고 끊어진 기억들의 징검다리를 건너는 중이다.

'지잉' 젖이 돌아 가슴이 부풀어 오르면 주체할 수 없어 아이에게 젖을 물리던 때가 떠올랐다. 숨이 가쁘게 목젖으로 넘어가는 소리를 들으며 서로 눈 맞추면 세상에는 아이와 나 둘뿐이었다. 후련하게 젖이 빠져나간 뒤 엉덩이를 토닥거려주고 손잡아 흔들며 놀던 시간이 내게도 있었다.

영글어가는 아이들만큼이나 내 머리에도 흰 머리카락이 늘어났으니 살아온 날들도 이처럼 빛이 바랬으리. 그때의 조잘거림과 약속과 희망들을 사진 속에서 듣는다. 나의 인생을 이루는 조각들은 붙잡아둔 시간들로 풋풋하고 싱그러우며 촌스러움마저 배어난다.

벌여놓은 사진들을 보며 느긋하게 시간 여행을 떠난다.

기우뚱한 모습으로 가족을 감싸 안은 이십 대의 남편은 볼이 홀쭉하지만 눈빛은 커다란 뿔테안경 뒤에서 살아있다. 나의 서툰 살림솜씨로 제대로 된 밥상을 받지 못한 탓인가 싶다. 젊은 혈기만 믿고 직장에서나 집에서 숨이 가쁘게 보내지 않았던가. 가장이라는 자리가 한없이 에너지를 쏟아내게 했으리.

무릎에 안긴 딸의 하얀 우주복이 눈부시다. 까만 눈을 동그랗게 뜨고 백일이 된 눈으로 세상을 바라본다. 유난히 볼이 발그레했던 아들은 모처럼 머리를 얌전히 빗어 넘기고 개구쟁이 티를 감춘 채 중심에 섰다. 나는 미장원에 다녀왔던지 안으로 동그랗게 말아 넣은 단발머리가 부자연스럽다. 조붓한 깃은 깊게 파여 야윈 목이 훤히 드러나긴 했어도 분홍 한복과 젊은 살빛에는 윤이 흐른다.

다음 장을 넘기니 아들은 세발자전거를 타고 골목길을 내려간다. 강가에서 딸은 빨간 모자를 쓰고 턱을 괸 채 엎드려 포즈를 취하고 아들은 곁에서 모래장난에 빠졌다. 생일 케이크를 앞에 두고 남매는 신나게 '생일 축하합니다아.' 노래를 불러댄다. 우리는 카메라 이쪽에서 박수치며 웃고 있었을 게다. 유치원에서 산타할아버지에게 선물을 받는 얼굴이 환하다.

운동회날에 친구와 어깨동무하고 폼을 잡은 사진이 한 장 있다. 소풍과 운동회를 생각하면 마음 쓰렸던 기억이 상처처럼 도진다. 직장 다니는 제 어미를 원망했을까. 옆집 어머니와 보냈을 아이는,

친구들이 돗자리를 펴놓은 뒤쪽으로 들락거리며 김밥과 과자를 먹느라 신나할 때 얼마나 부러운 시선으로 바라봤을까. 곁에서 울타리가 되어주지 못해 늘 미안했다. 비 오는 날 창밖에서 기다려주던 어머니들을 따라 집으로 돌아가는 친구들 뒤에서 비를 맞으며 걸어왔을 아이는 외로움이 무엇인지 일찍이 알았을 게다. 점점 앳된 모습이 사라지고 표정이 어른스러워지면서 사진들도 뜸하다. 어느새 커버린 것이다.

아이들에게 이제는 너희들 사진첩을 가져가라고 했다. 집이 비좁으니 아직은 그냥 두라고 하는데 어찌 대답이 시큰둥하다. 갑자기 썰물이 쏴 하고 빠져나가는 소리가 들려왔다. 그들도 애틋한 추억의 무게를 당연히 함께 느끼는 줄 알았는데 그게 아니었던가. 바닷물이 멀리 빠져나간 빈자리에는 질퍽한 갯벌만 아득했고 가슴이 싸하니 아파왔다. 소중했던 내 시간들이 모두 무의미하게 세월의 저편으로 쓸려가버린 듯하다. 추억마저도 공유하지 못하고 내 것일 뿐인가. 내 모두를 물려주고 싶었고 내게 의미가 있다면 그들에게도 의미가 되는 줄 믿었다. 추억까지도 같은 빛깔과 소리를 담은 줄 알았다.

빈 마음으로 그렇게 우두커니 앉았는데 문득 개펄을 헤집고 다니던 짱뚱어가 떠올랐다. 그곳에는 구멍마다 생명들이 숨 쉬고 있었다. 개펄이란 어떤 곳인가. 파도에 너무 멀리 실려 왔던 생명들이 갈증의 시간을 견디는 자리다. 물속도 아니고 물 바깥도 아닌 곳에서 목마름 끝에 채우는 시간을 반복하면서 살자니 오죽하겠는가.

물이 빠져나간 자리로 새들이 몰려왔다. 천적들이 허기진 배를 채우려고 기다린 것이다. 살아남아야 하고 그들의 새끼를 키워야 하는 열악한 공간이다. 아이들은 지금 개펄같이 어려운 생의 자리에서 살아가는 것이리.

아직은 추억할 때가 아닌가 보다. 얼마 전까지만 해도 전셋집을 옮겨 다니느라 묵은 짐들을 내가 보관하고 있었다. 이제 겨우 집을 장만해서 제 식구들과 살 비비며 살게 된 것을. 그동안 번듯한 집 하나 장만해주지 못해 애가 쓰였다. 아이들 집에 하루 묵으려고 해도 잠자리가 불편해서 돌아오곤 했는데 남의 집 신세를 면하게 된 것만으로 만족해야지. 사느라고 정신이 없는지 사진기를 들고 부지런히 찍는 것은 오히려 늙은 우리들이다.

아이들과 사이에는 한 세대라는 시간의 강이 흐른다. 정신은 살면서 겪고 배워서 얻어지는 것이 아니던가. 그러면서 끊임없이 변화되어가는 것이리라. 나와 공유했던 시간이라도 나와 같은 추억일 수가 없고 느낌의 깊이와 방향과 온도가 다를 터. 그동안 봉투 속에서 잠자던 사진들을 이사를 핑계로 들여다보게 되었고 시간은 지천이다 보니 정리를 한 것이다.

내 아들과 딸도 지금 제 아이들을 기르며 추억을 만드는 중이리. 그들도 삶의 터전에서 한발 물러서는 날, 추억의 소리에 귀 기울일까. 그때는 나처럼 썰물이 빠져나가는 소리를 듣게 되리라. 다시 사진첩을 넘기며 끼워 넣을 사진들을 골라 들었다.

길

도시의 몸집이 불어난다. 고속도로 위를 달려오던 차들이 마치 질 속으로 헤엄쳐 들어가는 정충들인 양 머리에서 불빛을 뿜어내며 도시로 몰려든다. 거리마다 가로등이 홍시처럼 열리고 나무들도 반딧불이가 날아든 듯이 반짝인다. 해가 지고 난 세상은 불꽃놀이처럼 야단스럽다.

서울로 올라오는 길에 차창으로 바라보았던 풍경과는 사뭇 다르다. 먼 데 산들이 운무에 잠겨 얼굴을 가리고, 가까운 산등성이 위로는 나무들이 솜털처럼 보송하게 서 있었다. 성성한 나무줄기들 사이로 비듬처럼 허옇게 깔린 잔설, 그 위로 바람은 휑하니 불어갈 것이다. 시선은 멀리 산과 들을 지나 개울을 따라간다. 눈앞에 펼쳐진 풍경들은 굳이 길을 밟지 않아도 눈길이 머무는 곳이면 다 바라볼 수 있다. 먹고 사는 일로 분주하게 보낸 하루치의 피로가 말끔히 씻겨가는 기분이다.

눈길이 머무는 아득한 끄트머리쯤에서 눈시울이 뜨뜻해졌다. 도시를 꿈꾸었던 시절의 고향을 더듬는다. 봉숭아꽃 채송화가 핀 마당에 들어서면 어머니의 도마소리가 들려올 것이다. 골목길에는 아이들의 고함 소리가 발걸음소리와 함께 멀어지리라. 그러나 막상 가서 보면 실망하게 되는 것을. 마을은 텅 비어 적막하고 낮은 지붕과 고샅길은 콘크리트로 덮여 휑하다. 대문을 기웃거리다가 방문을 열어보아도 캄캄한 어둠뿐. 이곳에서 태어난 사람들은 모두 어디로 가버린 것인가. 정적 뒤에 늦은 인기척이 나서 돌아보면 주름을 나이테처럼 두른 노쇠한 얼굴이 손님을 맞는다. 옛 흔적을 더듬어보아도 낯설다. 불임의 시간이 깊어져 공동화되어버린 고향 마을, 일하느라 굽은 등이 들머리에 보이고 사방은 고요하다. 그래도 고향을 떠난 이들은 고향 밖에서 고향의 소리를 듣고 있으리.

길들이 많은 도시의 저녁은, 길이 끝나는 곳마다 창으로 불빛이 새어나오고 주부들은 식구들을 위해 바쁘게 손을 움직이고 있으리라. 먼 일터에서 돌아올 남편을 기다릴지도 모른다.

도시는 모여드는 사람들로 집이 늘 부족하다. 오래된 가옥들이 뜯겨나가고 제법 쓸 만한 집들도 폭삭 무너뜨려 다시 키를 높이니 아파트는 숲처럼 우거졌다. 허물고 넓혀도 더 많이 차올라 무리를 이룬다. 풍선처럼 부풀어가는 기형적인 모습을 보면 늘 불안하다.

나들목을 지나는데 신도시의 거대한 몸집의 윤곽이 드러난다. 여기저기서 모여드는 사람들로 새로이 탄생하는 도시가, 불임을 모르고 과출산을 한다. 오로지 임신을 꿈꾸는 다산형이다.

길이 많은 도시에서 자주 길을 잃게 된다. 복잡한 골목길이나 너무 많은 길 앞에서는 때때로 막막해진다. 꺾이거나 사방으로 트인 길을 가다보면 제대로 가는지 궁금해진다. 줄곧 화살표를 따라 지하철로 가는 길, 무슨무슨 대문 곁 거대한 시장에 들면 출구를 놓치기 십상이다. 사람들에게 등 떠밀려 다니느라 정신이 없다. 길은 늘 붐비는데 어쩌면 나처럼 출구를 찾지 못해 헤매는 사람들로 더 북적대는 것인지도 모른다.

살길을 찾지 못하는 사람들이 곳곳에 있다. 한 끼의 밥을 걱정하며 앞이 막막한 사람, 역사의 벤치나 지하도의 바닥에서 바깥 잠을 자는 사람, 일자리를 구하러 인력시장에 나와 서성거리는 사람, 공원에서 하릴없이 하루해를 보내는 사람들이 눈물겹다. 길을 잘못 들어 가서는 안 되는 길을 가는 이도 많다. 눈가림이나 온갖 폭력을 휘두르는 사람, 퇴폐에 빠지거나 삶의 의욕을 잃고 세상을 향해 분풀이하는 이도 있을 것이다. 길 위에서 길을 잃어버린 사람들이다.

나는 일상이 답답하고 심드렁해질 때, 시골길로 찾아든다. 그곳은 고향이 아니라도 좋다. 산과 들이 마을을 감싸고 있다면 어디라도 좋다. 걸어보지 않더라도 산과 들, 동네를 눈으로 멀찍이 바라보는 것만으로도 커다란 위안이 된다.

지금 길을 밝히며 들어오는 차들은 잠시 도시를 탈출했다가 가슴에 시원한 바람 한 자락을 품어서 돌아오는 것인가. 길의 끝에 있을 그들의 보금자리에 머잖아 가 닿으리. 더욱 찰진 삶의 텃밭을 경작하려는 희망을 안고 돌아오는 것이리.

지심도

장승포항에는 불어오는 바닷바람에 민어와 가자미가 투명하게 말라가고 있었습니다. 동백꽃을 보러 가려고 배를 기다리는 사람들로 좁은 포구는 북적거립니다. 우리를 실은 배가 파도를 가르며 달린 지 십오 분 정도 지나자 흰 뼈를 드러낸 섬의 모습이 눈앞에 다가왔습니다. 파도에 깎여 절벽이 하얗고 가파릅니다. 배가 정박하려니 비좁기도 하고 물살이 세차 우리들을 내려놓고 곧장 왔던 길을 되돌아갑니다. 가슴에 온통 섬 하나 품고 달려 왔기에 마음이 급합니다. 좁은 비탈길을 따라 오르니 숲이 우거져 어두웠습니다. 둥그런 잎들을 달고 있는 것을 보니 남쪽이라는 걸 알겠습니다. 동백나무를 만나자 〈동백아가씨〉 노래를 불렀습니다. 사철 푸르다 사철나무, 잎이 커서 후덕하니 후박나무, 이름 한번 점잖은 예덕나무, 까마귀가 쪽 하고 입 맞춘다고 까마귀쪽나무……. 친절하게 걸어놓은 나무 이름표를 보며 이름들을 입속에 굴려봅니다.

동백꽃을 보러 왔는데 어디 있지? 흐드러지진 않더라도 빠알간 얼굴들이 환하게 반겨주려니 했는데 숲은 점점 깊어만 갑니다. 고개를 들고 쳐다보고 좌우로 살피며 가던 중에 겨우 손에 잡히는 나뭇가지에서 꽃 한 송이를 만났습니다. 우리들은 꽃보다 환하게 웃으며 가슴에 꽃 한 송이씩 단 듯이 기분이 좋아졌습니다. 얼굴을 가까이 대고 냄새도 맡으며 어쩔 줄 몰랐습니다. 배에서 같이 내렸던 일행들이 멀어진 곳은 터널처럼 훤하게 둥그렇습니다. 어떤 풍경이 또 기다릴지 설레는 마음에 걸음을 서두릅니다. 처음 디뎌보는 곳은 언제나 낯선 것들과의 만남이라 호기심에 자꾸 들여다보고 싶어집니다. 모르는 길은 물어서 가고 차가 없으면 걷거나 지나가는 차를 얻어 타기도 하며 고마움도 느낍니다. 어쩌다 짐을 실은 경운기라도 얻어 타면 부끄럽지 않았습니다. 농부의 인심이 너무 고마워 배낭 속에 아껴두었던 과일도 하나 드리며 즐거워진 적이 있습니다. 그런 면에서 우리 셋은 죽이 잘 맞습니다. 여행 중에 또 다음 여행지를 꼽아가며 신이 나 합니다.

동백나무 원시림 속으로 들어가니 그동안 긴장되어 팽팽하던 신경들이 무디어지고 고향마을로 달려가는 어린애가 되었습니다. 비탈에 서거나 바위틈을 비집고 나온 나무들은 서로 얽히고설켜 빼곡하니 들어찼습니다. 이리저리 뻗어가며 휘어지고 구부리면서 팔뚝과 허리며 발등까지 내어줍니다. 비집고 나오는 이웃들을 위해 제 살이 눌리는 줄 모르고 품고 있습니다. 대나무는 그 사이를 비집고 나와 꼿꼿한 제 성질대로 푸름을 자랑합니다. 이곳에 나무들은 성질이 무튼가 봅니다. 아니 이 섬에 자라는 나무들은 모두가 연리목이고, 연티지가 되거나 되려고 합니다. 사랑을 모르는 사람들은 이곳에서 사랑을 배울 일입니다. 거기다가 젊음을 잃지 않는 영원한 푸름으로 뜨겁게 피워 올리는 동백을 한번 닮아보고 싶네요. 내 생이 가기 전에 그렇게 뜨거워질 수가 있을까요. 시들지 않는 사랑으로 온몸으로 던지는 사랑을, 떨어져서도 그 빛을 쉬 잃지 않을 그런 사랑을 할 수 없는지. 아마 그러기엔 나는 너무 많은 것들을 알아버렸거나 늦은 시간이 아닌가 싶네요. 그저 마음으로 피워 올리는 지심도에서 가져보는 희망사항일 테지요.

숲길을 따라가면서 동그랗게 보이는 하늘이 좋아서 환호성을 지르고, 옹이가 돼지코를 닮았다고 어루만지며 웃었습니다. 내리막길에 파도소리가 수상합니다. 기슭에서 몽돌이 구르는 소린가 싶네요. 내려가니 해안이라고 해야 고작 바위투성이에 둥근 돌들이 김장독에 넣기 좋은 크깁니다. 바람 소리와 파도소리에 마음이 맑아집니다. 바다에는 갈매기들이 멋진 비행을 하고 까마귀들이 숲 위로 날아갑니다. 하늘과 물빛이 하나가 된 수평선이 가슴이 뚫리도록 시원했고 숲을 담은 섬들이 정겹습니다. 가슴에 늘 섬 하나씩 품고 살던 우리들의 만남처럼 반갑습니다. 동박새 그림이 팻말에 그려져 길 안내를 하고 있지만 아직 듣지 못했습니다. '그대 발길 돌리는 곳'에서 헬기장으로 해서 '마끝'까지 한 바퀴를 다 돌아도 시간이 남아돕니다. 몇 가구가 살지 않는 이곳이 한때 일본군 요새로 되어 포진지와 탄약고며 일본인 관사들이 남아있어 역사의 아픈 상처를 되돌아보게 했습니다.

숙소로 내려와 짐을 맡기고 조금 전에 보아둔 쑥을 뜯으러 나왔지요. 덤불 속에서 자라 키가 크고 부드럽네요. 해풍을 맞으며 겨울을 난 지심도 쑥으로 봄 향을 실컷 맛보려고 덤불을 헤집었습니다. 그동안 묵은 이야기들을 풀어내며 두 벗과 뜯다보니 제법 봉지가 가득합니다. 거제로 나가면 도다리쑥국을 꼭 먹어보자고 했지요. 이곳의 별미라는데 쑥국 생각만 해도 취할 것 같습니다. 하도 쑥국 타령을 했더니 쑥꾹쑥꾹 쑥꾹새가 우는가 싶네요. 섬 끝에 유일한 낚시터는 무척 위태롭습니다. 실어다 준 낚시꾼들을 다시 태우러 온 배가 쉽게 닿지 못 하는가 봅니다. 멀어졌다가는 또 가까이 다가오고 하는데 걱정이 됩니다. 낙조를 다 보고나서야 그 배는 떠났습니다. 앞에 보이는 섬 위로 지는 해라 기대만큼은 아니었지만 하루를 마감하는 우리들에게 편안한 안식을 주었습니다.

숙소 옆에서 저녁을 먹었습니다. 매운탕에는 뜰채낚시로 건져 올린 고기들이 푸짐하게 담겼습니다. 초무침까지 먹으려니 밥이 모자라네요. 낮고 옹색한 집으로 들어가니 방바닥은 엄청 뜨겁습니다. 오랜만에 자글자글한 방바닥에 등을 지지며 누웠지만 외풍이 심했습니다. 얼핏 잠이 들려니 바람 소리와 물결 소리만 들리고 온통 캄캄해서 무섬증이 났습니다. 가벼운 코골이를 들었는가 싶은데 하루 종일 달려오느라 고단함에 잠에 지고 말았습니다.

먼동이 트나 봅니다. 아주 오랜만에 창호지에 비치는 먼동을 느끼면서 행복했습니다. 창호지의 밝기로 새벽을 읽던 그 시절, 아버지의 비질하던 소리가 들립니다. 조금 있으면 어머니는 흰 수건을 머리에 두르고 부엌으로 나가시겠지요. 밥 짓는 냄새가 문틈으로 새어듭니다. 이불을 걷으며 두리상 앞에 모여든 식구들은, 뜨거운 밥그릇 위로 오르는 김 냄새와 된장찌개의 보글보글 끓는 소리만 들어도 식탐을 냅니다.

해돋이를 보려면 지금쯤 일어나야 될 텐데 곤히 자는 잠을 깨우고 싶지 않아 그냥 누워서 생각만 분주했습니다. 동박새 울음 가냘프게 창호지를 쫍니다. 동백꽃보다 먼저 달려온 우리들은 이제야 동박새 울음을 듣습니다. 머잖아 새들도 바빠지겠지요. 그때 다시 와 보고 싶네요. 흐드러진 동백꽃 무덤 속에 뜨겁게 묻히고 싶습니다.

봉정암 가는 길

1. 깔딱고개

눈썹도 떼어놓고 간다는 봉정암. 가겠다는 약속을 덜컥 하고 나니 가파른 절벽 끝에 의지한 조그만 암자가 눈앞에 그려진다. 운동을 그만둔 지 두 달이나 되니 갑작스런 산행은 겁이 난다. 유독 오르막길에서 처지는데다 무리하다가 왼 무릎이 덧날까 걱정이다. 다행히 초행길인 사람들이 많아 무릎에 붕대를 감고 짐을 최대한으로 줄였다.

백담사에서 출발해 영시암을 지나 오세암까지는 선두에 서리만큼 걸을 만했다. 우거진 숲은 폭염을 덜어주었지만 힘든 고갯길이라 등줄기에서 땀이 흐른다. 시계를 두고 와서 시간을 정확히 알

수 없으나 너덧 시간 걸려 오세암에 도착한 것 같다. 시린 물을 등줄기에 퍼붓자 온몸이 오그라드는 것 같아 저절로 괴성이 나온다. 목욕을 마친 뒤 관음전에 차를 올리고 백팔배를 드리니 힘들여 올라온 노람이 느껴진다. 평상에 앉아 어둠 속에 이야기꽃을 피우다가 이슬이 내려 잠자리에 들었다.

다음 날도 구름이 끼어 걷기에 좋은 날씨였다. 마음의 각오를 단단히 하고 주먹밥을 받아 쥐고 서둘러 길을 나섰다. 그저 발등만 쳐다보며 오르락내리락 하는 동안 오르막 끝나면 내리막이 있다는 것을 믿게 했다. 내가 살아온 길도 오르막과 내리막을 거듭하면서 옆도 돌아보지 않고 내 발밑만 살피느라 여유가 없었던 것 같다. 이 길처럼 높은 곳이 보이거나 누군가 디디고 가서 닦아놓은 길이 아니라 모두가 초행길이었다. 앞이 캄캄하여 길을 잃은 것처럼 여겨질 때도 있었다. 지금은 내리막길에 접어들어 몸과 마음이 가벼워지긴 했어도 내 앞에 무엇이 기다리고 있는지 아직 모른다.

가다가 물을 만나니 반갑다. 옷을 입은 채 풍덩 뛰어들고 싶다. 모두가 어린아이 마음이 되어 물에 손을 담그며 즐거워한다. 물밑에 자갈들이 환히 들여다보인다. 참 깨끗하다. 일급수에만 산다는 열목어가 있을지도 모르겠다. 돌은 물에 닳아서 동글동글해지고 물은 돌을 지나오는 동안 정화되어 거울처럼 맑다. 오르고 내리는 산행길도 나를 정화시키는 길임을 알겠다. 봉정암에 도달할 때쯤이면 내 마음도 동글동글하고 맑아져 있으리라. 무거운 등산화를 벗고 시린 물에 발을 담그니 피로가 말끔히 가셨다. 주먹밥으로 요기를 하고 오르는데 점점 지치고 맨 뒤로 처졌다.

무엇을 위해 힘든 고행길에 나선 것일까. 돌아서면 내리막길인데. 몸은 힘들어도 물러설 수 없다. 간절한 염원을 손끝에 모아 기도하는 마음으로 바꾸니 한결 가벼워진다. 넘어온 산등성이를 다섯까지 헤아리다 놓쳤지만 봉정암으로 가는 길은 내리막인가 하면 오르막이 또 눈앞을 가로막는다. 나무뿌리를 타넘고 바위와 돌층계를 수없이 지났다. 선두에서 '다 왔다.'는 소리가 반갑게 들려온다. 마지막 고비인 양 바위틈으로 기어오르는 길은 아찔하도록 험난하다. 로프를 단단히 쥐고 매달리다시피 해서 기어 오른 깔딱고개, 고개 위에서 가쁜 숨을 몰아쉬었다. 발밑에서 불어오는 바람에 저절로 탄성이 나온다. 풍경들이 모두 눈 아래 엎드린 듯 아득히 뻗어 가는데 내 몸은 둥실 하늘에 뜬 듯하다. 우뚝 선 사자바위 옆으로 사리탑은 봉정암을 내려다보고 용아장성을 울타리처럼 둘렀다. 중생들의 염원이 이렇게 높고 간절하던가. 바위 위에 세워진 오층석탑은 산 전체가 탑신인 듯 우뚝하다. 드디어 마음 한 짐 부려놓고 엎드린다.

2. 고사목

마지막 장맛비가 올 거라는 예보와는 달리 산봉우리 위로 운무들만 오락가락한다. 산은 온통 초록으로 덮여 무성하다. 그 품속에 온갖 산 것과 죽은 것들을 감싸 안아 숲은 더불어 산이 되었다.

길은 오르막과 내리막을 이루며 숨바꼭질하듯이 숨는다. 흙길이 끝나는가 하면 돌층계가 나오고 바위를 타면 철다리가 건네주었다. 오르락내리락하느라 지친 몸을 나뭇가지들이 붙들어 준다. 불거져 나온 뿌리들은 손가락을 길게 뻗치듯 길을 가로지르거나 비탈을 붙들고 있다. 때로는 층계를 이루어 길손을 도와준다. 키보다 멀리 뻗어간 줄기들을 바라보니 건장한 남성의 팔뚝을 보는 듯하다. 숲은 뿌리의 힘으로 지탱하고 있다는 생각이 든다. 주어진 환경에 불평 없이 목마르면 목마른 대로 바람받이거나 비탈을 가리지 않고 최선을 다하고 있다.

설악은 바위가 많은데 바위틈에 떨어진 씨앗들이 뿌리를 내려 커다란 나무들로 자라고 있다. 추위와 목마름을 어찌 견뎠을까. 몸을 세우는 것도 뿌리의 힘이다. 바위에 틈을 내고 물길을 찾아가는 각질 두꺼운 뿌리의 행보를 보면서 아무리 삭막한 생이라 하더라도 이보다 덜할 것 같다. 평지에서도 키우기가 쉽지 않다는 소나무가 아니던가. 깎아 세운 듯한 벼랑 위에서 해와 구름을 벗하여 푸른빛을 자랑하는 모습은 아름다운 경지를 넘어서 외경스러울 정도다.

숲속에는 산 나무와 죽은 나무들이 어우러져 있다. 짙은 녹음 속에 제 명이 다해서 빈 가지로 서 있는 고사목도 숲의 일부가 되어 멋스럽다. 한때는 푸른 잎들을 바람개비처럼 돌리고 가지들을 하늘로 뻗어가며 풋풋함을 자랑하던 그들이 아닌가. 서 있거나 넘어지거나 홍수에 휩쓸려 사방이 떠내려가 섬이 된 나무가 있나 하면 속이 완전히 썩어 구멍이 뚫린 나무도 보인다. 그 자체로도 아름답다. 새들이 깃을 치거나 파충류들이 겨울잠을 자든지 개미들의 놀이터가 되기도 하겠다.

문득 사람의 주검은 왜 그렇지 못할까라는 생각을 해본다. 풍장이라는 풍습이 있었다는 말은 들었다. 아무리 애통한 혈육의 주검도 삼 일이면 관 속에 넣어 땅에 묻고 만다. 문화라는 이름으로 화려하게 포장하여 주검에 대한 까다로운 절차가 이별의 정을 대신하는 것인지, 아니면 망자와의 고리를 끊어주어야 산 자들의 생이 이어질 수 있다고 여기는가. 너무 정이 많은 인간인지라 오래도록 슬퍼하려고 가슴에 묻어두려는 것인지도 모르겠다.

망부석처럼 서 있는 고사목은 산 것들과 더불어 오랜 세월 이웃하면서 살아온 날만큼이나 서서히 풍화되어가는 가고 있는데. 잎 없는 빈 가지가 팔 벌리고 서 있어도 풍경에 멋을 더하는 고사목처럼 사람도 아름다울 수 없는가.

3. 동행

봉정암 이야기가 나온 지는 여러 번 된다. 오래 묵힌 이야기라서 그런지 기회가 없어질지도 모른다는 생각에 열 명이 같이 가기로 했다.

차와 인연이 되어 만난 지도 칠 년이 되어 서로를 잘 안다. 취미가 같다 보니 차밭을 찾아 가거나 도자기를 구경하든지 들차를 위한 나들이에도 마음이 잘 맞는다. 불혹의 나이에서부터 고희에 이르기까지 연령의 차가 많지만 닦아온 삶의 지혜가 나름대로 있는지라 서로가 배움을 주고받는다. 아마 내게서 다소곳하고 은근한 맛을 느낀다면 차를 배우면서 얻어진 습이라 여긴다.

초입에 들어서자 안내판에 만병초는 이곳에서 나는 귀한 약초라고 적혀있다. 아직 약에 대해 절실함이 없는 터라 예사로이 보았지만 약초를 재배하는 지인의 눈길은 예사롭지 않다. 해국이나 진달래 잎을 닮은 풀을 발견하면 걸음을 멈춘다. 영약을 만나고 싶은가 보다. 그날도 차즈기 잎으로 하나하나 찹쌀떡을 포장해와 나누어 주었다. 망개잎처럼 상하지 않게 하는 효능이 있다고 하니 심드렁하게 받아들던 사람들의 눈동자가 빛났다. 가끔씩 색다른 일이 우리를 즐겁게 한다.

산길에서 만나게 된 꽃과 나무들은 동행이 되어 노정의 고단함을 덜어주었다. 개울을 건너자 길옆에서 노란 물봉선이 반긴다. 화단에 심겨진 봉선화만 알다가 지난해 개울가에서 흐드러지게 핀 빨간 물봉선을 만난 뒤로 새로 사귄 친구처럼 관심이 쏠렸다. 꽃모양은 같은데 덤불을 이루며 물가에 우거져 있다. 달맞이꽃인가 해서 다가가니 처음 보는 노란색 물봉선인지라 신기하기만 했다. 숲속으로 걸어가는 동안 지루할 때쯤이면 자줏빛 꽃이 덤불 속에서 부챗살을 펼치듯 꽃대를 올려 반기니 지친 걸음을 잠시 쉬게 했다.

노루오줌 냄새가 난다고 하여 노루오줌풀이라는 이름을 붙인 듯하나 꽃은 매혹적이었다. 간간이 풀숲에서 가느다란 줄기를 뽑아 올린 꿩의다리는, 조그만 솜뭉치를 뭉쳐놓은 듯 하얗게 피어 청초하다. 어디가 꿩의 다리를 닮았는지 모르나 연약함이 애처롭다. 하얀 꽃송이들은 햇빛이 엷은 숲속에서 가녀린 줄기 위에 소박한 밥상을 차린 듯 마음이 자꾸 쓰인다. 드문드문 산나리꽃이 노랗게 피어 계절을 알리고 숲은 온통 푸르름으로 충만하다.

이번 여행길에서 빼놓을 수 없는 것은 나무 중에 귀족이라 할 만한 자작나무와의 만남이다. 우리들은 발걸음을 멈추고 하얀 줄기를 미끈하게 뽑아 올린 자작나무의 수피를 당겼다. 옆으로 종이처럼 일어나는 것이 신기하다. 천마총의 말안장 꾸미개에 그려진 천마도가 자작나무껍질 위에 그려진 것이라고 하는 걸 보면 글씨와 그림을 그리는 데 널리 쓰였나 보다. 좀이 슬거나 부패를 막는 성분이 있어서 오래 보존이 된다고 한다. 팔만대장경도 이 나무로 만들었다고 하여 우러러 다시 보았다. 선생님은 차의 유래에 자작나무가 나온다고 했다. 수액을 약용으로 쓰는 걸 보면 자작나무의 효능이 대단한 것 같다. 산속에서 야영할 때 젖은 나무라도 불이 잘 붙어 불쏘시개로 이용하면 좋다고 한다. 여기도 자작 저기도 자작 온통 자작나무만 눈에 들어오는 바람에 나무 공부 제대로 한번 한 셈이다.

정상에서 보았던 보랏빛 꽃도 마음을 끌었다. 나는 왜 이 작은 풀꽃들에게 마음을 빼앗겨 이름을 알지 못해 안타까워하는지. 숲은 우리와 함께하는 동안 맑은 공기를 주면서 오르막 내리막길에 손이 되어 잡아주거나 디딤돌이 되어주었다. 바위가 쉼터를 만들고 시냇물은 쉬어가라고 한다. 고갯길에 두 다리를 뻗고 앉으면 다람쥐들도 곁에 와서 눈동자를 동그랗게 뜨고 반긴다. 고불심은 먹을 것을 주며 람쥐야, 이쁜 이름으로 부른다. 보이지 않는 곳에서는 새들도 동행이 되어주었다.

4. 세상으로 가는 길

산사에서 머문 이박삼일, 저 산 아래 세상을 잊으니 반쯤 속진을 벗은 듯하다. 휴대전화를 꺼놓고 시계도 없이 지냈다. 예불을 알리는 종소리로 시간을 가늠해도 불편하지 않았다. 찬물로 샤워를 마치고 줄을 서서 밥을 받는다. 반찬이라고는 오이무침과 미역국이지만 꿀맛이다. 몸 하나 올라오기 어려운 이 높은 곳에서 밥 한 그릇은 예사로운 밥이 아니다.

적멸보궁이라 법당의 빈 좌대 뒤로 멀리 사리탑이 가슴에 와 얹힌다. 무설법문을 전하듯 나뭇잎이 흔들린다. 법단 위로 다람쥐가 시나브로 드나든다. 더불어 이루는 기도라 저절로 힘이 솟아 백팔배를 했다. 우리는 조용한 시간을 틈타 사리탑으로 갔다. 사방이 고요하고 풍경들이 멀찍이 떨어져 병풍처럼 둘렀다. 준비해간 다구들을 펼쳐 정성스레 차를 우려 탑 앞에 차례로 올리니 감응하는 듯 운무가 감돌아 흐른다. 도반들의 얼굴에는 기쁨이 충만했고 경건한 자태가 아름답기 그지없다. 차를 배운 보람을 새삼 느끼는 순간이다.

자식들을 위해 간절히 기도를 드리고 나니 발걸음이 가볍다. 그러나 높은 만큼 내려가는 길은 멀었다. 발밑만 열심히 보면서 내려가다가 옆에 보이는 바위들을 보니 거의 수직으로 섰다. 한없이 낙하하듯 계단은 굽이굽이 돌아 아찔하다. 오른 만큼 내려서야 하는 것이다. 추락하는 것은 날개가 있다고 하던가. 내 가슴에 봉정암이 자리하고 있고 신심의 튼튼한 날개를 단 듯하다.

무릎이 상할까 해서 왼쪽과 오른쪽으로 자세를 바꾸며 가볍게 내려섰다. 그러나 길은 늘 긴장감을 안겨주었다. 오르막이 어려운 줄 알았는데 내리막도 어렵기는 마찬가지다. 쉬운 길은 어디에도 없나보다. 한참을 내려가는 동안 계곡을 건너고 철다리를 지나 돌길을 만나고 바위도 넘었다. 수렴동계곡, 하얀 바위 사이로 흘러내리던 물은 폭포가 되어 낙하하고 고인 물마다 비췻빛이다. 사방을 둘러보니 비상하는 바위들이 에워싸고 있어서 우리들은 골짜기에 갇혀버린 듯했다. 선두를 놓쳤지만 부르튼 발을 물에 씻고 무릎과 욱신거리는 근육에 파스를 붙이고 연고를 발랐다. 동행들은 보조를 맞추느라 애를 써주었다. 비가 뿌려서 우비를 쓰고 가는데 끊어진 길이 보수 중이라 둘러서 갔다. 폭우라도 내리면 물이 불어날까 걱정이 되었다.

드디어 산장에 도착하여 몸을 풀고 라면을 먹는데 모두가 꿀맛이라며 좋아했다. 한 몸 건사하기가 이렇게 힘든데 길을 닦는 이들은 어떨까. 간간이 텐트를 치고 지난해 태풍에 쓸려나간 다리를 복구하거나 무거운 돌멩이로 파인 곳을 메워 반듯하게 만들고 돌계단과 철계단을 놓아주니 그나마 쉽게 다닐 수가 있다. 비록 보수를 받고 하는 일이지만 그들의 수고와 보시한 사람들의 공덕이 크다. 그들이 아니라면 다져진 길이 아니라서 길을 놓치고 사고를 당하기도 한다고 했다. 나는 누구를 위해 다리가 되었던가.

물길 따라 지금 세상으로 가고 있다. 아마 나 없이도 세상은 여전히 아무 일 없었던 것처럼 잘 돌아가고 있으리. 괜한 걱정으로 속을 태울 필요가 없겠다. 저 물과 나무처럼 제 몫의 삶을 살아갈 테니까. 돌아보니 숲에 가려 봉정암은 보이지 않지만 마음에 사리탑 하나 간직하고 고행길 뒤에 얻은 뿌듯함으로 얼마간은 잘 지낼 것 같다.

5.
시간의 무늬

연두와 연노랑 빛깔이 환하고 따뜻하다. 아크릴액자 속에는 노랗게 단풍이 든 칡 이파리의 잎맥이 잠자리 날개처럼 얼비치니 화사하다. 잘 살아온 생이 걸린 듯하다.

흔적

지난 휴일, 전에 살던 동네를 지나다 이태동안 머물렀던 사택에 들렀다. 대문에 들어서자 사람들이 본가로 돌아간 탓인지 고요했다. 홍시를 시나브로 떨구던 감나무의 빈 가지가 하늘에 검은 획을 긋고, 고추밭과 콩밭은 밭고랑을 드러낸 채 비어있다. 상추와 케일 같은 풋나물들을 대어주던 텃밭에서 푸르른 생기를 느끼며 하루를 시작하던 밭두렁. 얇은 봄볕이 언 땅을 녹이고 있다. 울타리에는 마른 호박덩굴이 주저앉아 담장이 허전하다. 옥수수 영그는 마당에서 아이들과 해거름에 저녁밥을 먹었고 손수 씨 뿌리고 물을 주어 가꾼 배추와 무로 김장을 담갔다. 한 무더기 재와 함께 불에 타다만 의자의 등받이가 밭 가운데 뒹굴고 있지 않은가. 가슴이 찌르르 아파온다. 아직도 윤기가 흐르는 등받이. 마음먹고 장만했던 괜찮은 식탁의자이다. 전근이 되어 사택을 비워주게 되었을 때 새로운 주인을 위해 두고 왔던 것이다.

산골 사택으로 처음 이사 왔을 때는 하루가 어찌나 길게 느껴지는지 감옥에 갇혀 사는 듯했다. 아는 이도 없는데다가 들길을 산책하려고 하면 밭일하는 사람들에게 눈치가 보였다. 해는 서둘러 산을 넘어가 이내 밤이 찾아왔고 자동차 소리와 불빛이 드문 그곳의 밤은 영화 제목처럼 깊고 푸른 밤이 되었다. 아쉬운 것들이 많아 불편하고 답답하던 때였다. 해가 길어지고 기운이 따뜻해지면서 텃밭을 가꾸고 수확하는 기쁨으로 그곳 생활은 점점 감동의 연속이었다. 필요한 것들을 집에서 하나씩 운반해와 제법 구색을 갖추며 살았다. 그런데 발령을 받고 보니 처음 정붙이는 데 힘들었던 일이 생각나서 식탁을 두고 왔었는데 그에게는 짐이 되었나 보다.

나와 친숙했던 물건들이 다른 이의 손으로 버려졌을 때, 가슴에 상처로 고스란히 남는다. 공연히 물건을 두고 와서 이렇게 마음을 베일 줄이야. 물건이 아깝다기보다 우리와 많은 시간을 같이했던 물건이 다른 사람에 의해 버려졌기 때문이다. 싫증이 나서 내가 버렸다면 모르지만 요긴하게 쓰여 대접받기를 바랐는데 그 사람에게는 소용없는 물건이 되었나 보다. 들어오는 사람은 깨끗이 치우고 새롭게 단장하고 싶었을 것이다. 전 사람의 물건들이 고맙기보다 께름칙할 수도 있겠다. 하지만 이태 동안 정들었던 동네와 뜰이 있고 지난 흔적들을 추억하고 싶었는데. 어제의 흔적들을 지우고 싶은 다음 사람은 늘 그렇게 기다리고 있었던 것처럼, 애착이 가던 모든 것들로부터 밀려나는 듯해서 돌아본 것을 후회했다.

사람들은 흔적을 남기고 싶어 한다. 호랑이는 죽어서 가죽을 남기고 사람은 이름을 남긴다는 말처럼 예술이나 학문을 위해 평생을 바치는 사람이 많다. 백지를 보면 그림을 그리거나 고운 색실을 보면 수가 놓고 싶어지는 것처럼 흔적을 남기려 한다. 높은 산에 오를 때는 바위에 새긴 이름이 눈에 띈다. 밤새 내린 흰 눈밭에 발자국을 찍으며 걷고 싶은 마음과 같을 터. 처녀지를 디딜 때의 호기심과 설렘, 두려움 섞인 전율을 느껴보고 싶어 한다. 거기다 자식까지 남기면 흔적에 대한 애착은 집착이 되어 생을 마칠 때까지 놓지 못하는 질긴 끈이 된다. 내 글쓰기 또한 흔적을 만드는 것이 아닌가.

뒷눈이 앞 눈을 지우고 헌 이가 새 이에게 밀려나듯이 그렇게 세상 밖으로 밀려난다고 생각하니 왈칵 눈시울이 뜨거워진다. 떠미는 뒷사람을 등 뒤에서 느낀다는 것은 굉장한 소외감과 함께 두려움마저 준다. 죽은 사람이 무덤에서 자기가 살던 터를 돌아보았을 때 자신을 위해 눈물을 흘리는 사람이 많음을 본다면 흐뭇해할지, 나 없이 밥 잘 먹고 잠 잘 자며 여전히 출근도 하고 세상이 변함없이 돌아감을 보고 혀를 찰지. 어쩌면 죽은 사람이 다시 환생하지 않는 것도 이유가 있을 것 같다. 타다 남은 의자가 나의 분신인 것처럼 인격을 부여했던 것인가. 흔적들이 내게는 추억이 되겠지만 다른 이에게는 치워야 할 짐이다. 그래서 떠나간 사람들은 가슴에 고스란히 정든 곳을 옮겨와 그곳을 찾지 않으려고 하는 건 아닐까. 업적을 남겼거나 이름이 난 사람도 아니니 차라리 흔적이 남지 않게 스스로 지워가는 것이 덜 서운하겠다.

고분 터에서 옛 흔적들은 그때를 추정하는 좋은 자료가 된다. 얼마 안 되는 깊이에 묻힌 것이 역사라고 생각하니 시간의 두께가 생각보다 얇다는 걸 느꼈다. 100년이 채 안 되는 사람의 일생이 한 겹 먼지 정도일까. 가치 있는 것이란 어떤 것인지 기준은 늘 바뀌게 마련이다. 요즈음처럼 모든 것이 너무 많아서 탈이니 비로 깨끗이 쓸어놓은 마당처럼 흔적을 지우는 것도 좋으리라. 새 사람들을 위해 멋진 마당놀이라도 열 수 있게 치우는 것도 보람있는 일이 될 것 같다. 적어도 타다 만 의자처럼 다음 사람에게 거치적거려서는 안 되기에 하는 말이다. 밤새 소리없이 내린 눈이 세상을 흰 눈밭으로 만들어 모든 흔적을 지워서 소리마저 스며들게 하듯이 고요하고 평화롭게, 모두에게 가치 있는 것이 무엇인가 되묻는다.

폭설

전국에 폭설이 내리던 날 나는 승용차를 포기하고 기차를 탔다. 눈꽃열차를 타겠구나 생각하니 즐거웠다.

* 이불 하나가 완성되다.

차창 밖으로 보이는 먼 설경이 자우룩하다. 눈은 시속 300킬로로 달리는 기차의 창문에 씨줄을 그으며 밀려난다. 질주하는 세상에 걸맞게 눈마저 동행하는가. 차가 대전역에 들어서자 함박눈은 순하게 수직으로 내리고 있었다. 문득 날줄과 씨줄이 만났다는 생각이 들었다.

세상은 순해지고 아름다워졌다. 눈은 하얀 옥양목을 짜서 먼 산과 들을 덮고 마을을 덮었다. 포근한 이불 하나가 완성되었다. 이불

위에는 새들이 드문드문 그림을 그리고 가거나 차들은 제 등짝만큼의 눈을 싣고 물방개처럼 기어간다. 오로지 감탄사 하나면 충분하다. 어떤 화려함도 어떤 평화도 이보다 더하지는 못하리.

* 우리는 가족이었다.

이맘때쯤이면 아랫목에 이불을 늘 깔아놓았다. 바깥공기가 차가울수록 이불 속은 북적거린다. 늦은 귀가를 기다리는 아버지의 밥그릇이 있고 언 발을 녹이며 장난하는 웃음소리가 들린다. 그곳은 식구들이 모여들어 꼼지락거리는 곳이다. 이불을 머리까지 뒤집어쓰고 어머니가 만들어주시는 주전부리를 기다리느라 빠끔히 내다보는 우리는 새끼 제비들이었고 가족이었다는 생각을 하게 된다. 뿔뿔이 흩어져 지내는 지금은 살 비비며 살던 그 비좁은 공간의 소음들이 정겨울 뿐이다.

이렇게 눈이 오는 날에는 한 며칠 눈 속에 갇혀 보는 것은 어떨까. 눈 핑계를 대고 느긋하게 겨울잠 자듯 고요해지고 싶다. 교통이 두절되니 걷어내어야 한다고 눈을 탓하지 않으며, 주식이니 품귀현상이니 하는 말은 잠시 잊어버리자. 예전에 아랫목을 데우던 이불처럼 며칠을 그렇게 포근하게 보낼 수는 없을까. 눈에 잠겨 풍경이 되어보는 거다. 세상 사람들과 한 이불을 덮고서 동화 속의 주인공이 되는 꿈을 꾼다.

* 이불 밖으로 삐져나온 발처럼 덮지 못하는 것들이 있다.

눈으로 덮지 못한 강물이 흐르듯 붐비는 세상은 어쩔 수없이 질주해야 하는 모순들로 답답하다. 이 엄동에 소들을 쓰러뜨리고 돼지들이 집단적으로 죽음을 맞는다. 거기에 오리와 닭들마저도 가세를 하고 있으니 우리는 너무 많은 죄를 짓는 것이 아닌가. 입맛을 위해 수많은 살점들을 소비하는 시대에 그 대가는 고스란히 내게로 되돌아오는 것을. 모든 생명들의 소신공양으로 우리는 살아야 하지만 너무 많이 낭비해왔다. 나 또한 한 줌의 흙으로 돌아가 다른 생명들을 이롭게 하겠지만 덜 먹고 덜 써서 거덜날 자원을 걱정할 때가 아닌가.

며칠간이라도 눈 속에 갇혀보았으면 한다. 씨줄과 날줄로 엮인 세상에서 내가 만든 시간과 일거리들을 잠시 잊고 지내고 싶다. 폭설이 내리는 날에 한 이불을 덮는 가족이 되어서 빠끔히 설경을 내다보며 잃어버린 생기를 찾고 싶다.

바람받이 소나무

차를 마시며 늦은 해맞이를 위해 떠났던 날의 사진 한 장을 본다. 소나무들이 기울어진 풍경처럼 모두 휘었다. 곁에 선 나도 휘는 느낌이 들 정도로 바다에서 불어오는 바람이 세찼다. 눈발까지 섞여 살갗에 닿는 감촉이 날카로웠고, 잠시도 가만 두지 않고 밀어붙이는 바람에 쫓기듯이 해양전시관으로 들어와 헝클어진 머리를 수습했던 것 같다.

저 소나무들처럼 너나없이 바람받이하며 살아가고 있을 텐데, 힘든 일이 닥치면 유독 나 혼자 당하는 느낌이 든다. 나와 인연이 깊은 이들이 심하게 흔들리며 사는 것을 보면 가슴이 타다 못해 한이 쌓인다. 나에게 유난히 살갑게 대하는 경아를 생각하면 그녀의 삶이 저 바람받이에 서 있는 소나무 같다.

그녀의 남편은 실직을 계기로 점점 폐인이 되어갔다. 구조조정이라는 바람이 여러 가장들을 내모는 분위기가 되자 다니던 직장에서 사표를 내고 나왔다. 사업을 시작한다며 들뜨던 기분도 잠시, 가족과 집안의 반대로 뜻을 펴지 못했다. 젊은이들마저 오랜 취업난으로 힘든 때라 섣불리 창업했다가 집마저 날리게 될지도 모르기 때문이다. 아직 일은 하고 싶은데 마음에 드는 일자리를 구하기가 어렵다. 젊은 사람 밑에서 일하거나 보수를 낮추는 것은 너무 자존심이 상하는 일이었나 보다. 술을 마시는 날이 많아지면서 정신은 황폐화 되어갔고 가출이 잦아졌다. 더 이상 사회생활이 어려울 지경으로 몸이 망가지면 귀가했다. 취기가 없는 날은 착하디착한 사람이다. 예법 또한 흐트러지지 않고 본래의 인정스런 모습을 되찾는다. 술에 취하면 잠재된 악마가 한껏 기를 펴고 만용을 부린다. 몸이 무너져야 며칠간은 주검처럼 고요하다. 경아가 어르고 달래보아도 아무 소용이 없었다.

살림만 하던 경아가 혼자 가계를 끌어가는 짐을 졌다. 잔칫집의 음식을 만들어주거나 명절음식을 부탁받아서 했고, 파출부일까지 나섰다. 눈썰미가 있어서 웬만한 것은 손수 만들어 냈다. 내가 오밀조밀한 것들을 좋아하는 줄 알고 조그만 꽃바구니를 만들어 보내온 적도 있다. 화술이 좋아 농담과 진담을 섞어가며 분위기를 살려 곁에는 친구들이 많다. 이렇게 재주가 많은데 요즈음처럼 교육을 잘 받았더라면 물을 만난 고기처럼 잘 살아갈 텐데. 재주가 많은 것도 흠인지 삶이 늘 팍팍하다.

경아와 그의 남편은 시골 중학교 재임시절의 제자다. 하천부지에 세워진 학교라 가건물 앞에는 미루나무 울타리를 한 자갈투성이의 운동장이 전부였다. 그래도 아이들은 순했고 풋내기티를 벗어나지 못한 나에게 호기심을 가지고 무척 따랐다. 학교를 옮긴 뒤 서로 잊고 살았는데 어느 오월에 옛 스승을 찾는다는 전화를 받았다. 설렘과 함께 얼굴을 못 알아보면 어쩌나 걱정이 되었다. 찻집에서 마주했을 때 그녀는 사십대 중반의 여인이 되어 있었다. 동창들끼리 만나면 잊지 않고 화제에 오르내린다는 말을 들으며 미숙한 선생님이었지만 다소 마음이 놓였다. 그때부터 부지런히 오가며 분에 넘치는 대접을 받았다. 기념일이나 명절이 다가오면 온갖 솜씨를 뽐낸 음식과 선물을 준비해서 드나들었다. 사제간이라기보다 친구나 동생처럼 여겨졌다. 내 무슨 복이 이리 많은가 싶다가도 부담이 갔다. 아마 그들에게는 전성기가 아니었나 싶다. 학력은 그다지 높지 않아도 기술직으로 어디 가도 인정받는 실력자인데다 아내의 알뜰한 살림솜씨로 돈을 제법 모았다. 어쩌면 인생의 성적표를 내보이고 싶었을까. 옛일을 웃으며 이야기할 수 있는 때가 된 것이리라.

그녀의 남편은 여리디여린 살에 상처를 입히듯 가장 가까운 아내에게 독한 화살을 퍼부었다. 그릇이 날아가고 문을 부수며 집안을 쑥대밭으로 만들었다. 한바탕 태풍이 지나간 뒤 얼마간은 잠잠

하다. 그녀가 일이 바빠 정신이 없을 때는 그래도 낫다. 한가할 때면 만신창이가 된 가슴을 쓸어내리느라 한숨이 깊어진다. 근황을 묻기가 겁난다. 목소리가 애잔해지고 젖어오는 눈을 바라보려니 내 눈도 흐려져 쉽게 말을 끄집어내지 못하겠다. 온갖 방법을 동원해 남편을 설득해도 별 효과가 없자 나에게 거들어달라는 부탁을 했다. 하지만 오히려 부부싸움이 커져버렸다. 자주 하던 전화도 경아의 눈물집을 건드릴까 해서 망설이다보니 점점 소식이 뜸해졌다.

나의 생일은 어디서 하느냐고 물었다. 마음씀씀이가 고맙기는 하지만 괜한 신경을 쓰게 하는지라 늘 핑계를 대며 피해왔는데, 지금 출발한다고 하니 더 할 말이 없었다. 할인점에서 만나 아이들의 안부와 그동안의 일들에 대해 이야기를 나누었다. 목소리보다 모습을 보니 훨씬 안심이 된다. 옷차림이 곱고 표정도 밝다. 다행이다. 잔칫집 음식을 주로 맡아서 하니 차림새에도 신경을 쓰게 되어 보기가 좋았다. 가슴이 썩어도 아이들과 살려니 몸과 마음의 분리가 어느 정도 되나 보다.

가정을 포기하지 않고 무너지는 한쪽을 붙들며 꿋꿋하게 버텨가는 모습이 해변의 소나무처럼 느껴진다. 아이들의 바람막이로서 생활비를 벌며 아비의 모자라는 자리를 가정교육으로 반듯하게 키워간다. 그녀가 정성스레 싸온 음식을 펼쳤다. 참가자미에 옷을 깨끗하게 입혀 미나리 이파리를 붙여 놓으니 푸른 나무가 되었다. 화양적의 모양이 가지런하고 고기와 야채도 곱게 갈아서 작고 납작하게 부쳤다. 하얗고 깨끗한 것은 연근 같은데, 위에 다진 고기를 얹어 당근으로 장미꽃을 한 송이 얌전하게 피웠다. 배추김치 한 통에 물김치까지 넣었다. 거기다가 콩잎김치를 곁들이면 훌륭한 밥상이 되겠다. 아이들이 좋아한다고 했더니 지난 가을에 연한 콩잎만 골라서 담았는데 윤이 흐르고 밤을 곱게 채쳐 뿌려놓아 김치를 보게 되면 군침이 돌 게다. 누구도 흉내 내지 못할 솜씨다. 나를 챙겨주는 멋진 제자가 있다며 자랑삼아 이야기하리라.

지금 마시는 오미자차는 시고 달고 쓰고 맵고 짠 맛이다. 다섯 가지 맛이 어우러진 이 차가 몸에 좋다고 한다. 마치 사람살이처럼 느껴진다. 진홍빛 빛깔에 눈이 홀려 차를 마시다가 혀끝에 전해오는 야릇한 맛에 질겁하듯이 결혼도 그런 것인가. 빛깔에 혹했다가 사느냐 마느냐 하면서 신산하게 살아가는 이가 많으리라. 쓰러질 듯 고단한 날들이 그녀를 괴롭히고 있지만 깊이 내린 뿌리로 넘어지지 않으려 한다. 소중한 아이들과 가정을 위해 오늘도 저 소나무처럼 바람받이에서 불어오는 바람을 맞는다.

춤추는 야채장수

덩실덩실 아저씨가 춤을 추며 승용차를 향해 덤빌 듯이 다가오며 손짓한다. 오늘은 뭐가 그리 좋은지 벙실벙실 웃으며 소리를 외치는데 들리지 않는다. 호객을 하는 것 같기도 하고 탈춤을 추는 것 같기도 하다. 어젯밤 마신 술에서 아직 깨어나지 않은 것인가. 오전에 급히 다녀올 데가 있어서 차를 몰고 나갔다 돌아오는 길이다.

딸의 눈에는 재미있는 장사꾼으로 보였나 보다. 그 애의 말이 맞는다면 내가 모르는 그의 끼를 본 것이다. 하지만 평소와 너무 다른 모습이다. 장사를 신명나게 하면 손님이 모여들어 좋겠지만, 일요일 아침이라 행인이 없는 거리에서 야채와 과일들을 늘어놓고 춤을 추는 아저씨는 슬픈 피에로 같다. 술을 마시지 않고서야 아침부터 저런 신명을 보일까 싶다.

그는 사람들이 많이 다니는 아파트 담장 옆에서 야채를 판다. 주부들이 그날의 찬거리를 걱정하며 집을 나섰을 때, 적은 돈으로도 푸짐하게 상을 차릴 수 있는 것들을 늘어놓았다. 오이, 가지, 호박, 양파, 고추와 같은 야채들은 빨간 바구니마다 수북수북 담겨져 인도 가장자리를 따라 줄을 섰다. 살구, 자두, 참외, 사과들도 철따라 줄을 보탰다. 덩치 큰 수박은 트럭 위에 있고 봉고차에는 박스째로 담겨 대기하고 있다. 허기는 식욕을 자극하고 과일의 빛깔과 향은 사람들의 발길을 붙잡아 좁은 인도는 사람들끼리 몸을 비비듯이 스쳐도 사람들은 그다지 괘념하지 않았다.

그녀의 아내는 몸집이 옹기처럼 나지막했고 얼굴이 그을어서 검고 거칠었다. 여느 아낙들처럼 거울 앞에서 얼굴을 매만지거나 화장을 해본 것은 오래된 듯하다. 머리도 파마를 하지 않은 커트머리로 길이는 귀밑 근처에서 맴돌았다. 단골손님들은 주로 아주머니를 찾는다. 혀 짧은 소리로 어눌하게 말하지만 애교가 묻어났다. 곧잘 덤으로 얹어주는 인심이 한몫을 하는 것이다.

이곳에서 장사를 하려면 어려움이 한두 가지가 아니다. 점포가 있으면 비바람을 가리고 손님이 없을 때는 편히 쉴 수가 있다. 봄, 가을이야 그렇다고 치더라도 아스팔트가 녹아내리는 땡볕에 앉아 열기와 싸우려면 여간 고역이 아닐 것이다. 지나는 이들은 수박이나 포도와 참외들을 보면 더위를 잊겠지만 주머니에 돈이 들어오는 일이라 날씨 탓을 하기에는 배부른 소리라고 하겠다. 사람들마저

뜸해져버린 겨울에는 찬바람 속에 야채와 과일들은 싸늘해서 더 추워 보인다. 두꺼운 옷으로 온몸을 감싸고 작은 불씨에 기대어 언 손과 발을 녹여가며 장사하는 것이 녹록지가 않다.

이곳은 주차 단속이 가끔씩 있다. 뒷길이긴 하지만 지하철역 출입구가 있는 곳이다. 공영주차장에서 주차요금을 받기 시작하면서 길거리 주차가 더 많아졌다. 그럴 때마다 그의 트럭 유리창에는 붉은 주차단속 딱지가 책장처럼 두께를 더한다. 언젠가는 구청직원들과 승강이를 벌이는 것을 보았다. 주민들의 민원이 들어왔다며 완장을 두른 사람과 승강이를 벌이는 바람에 경찰에게 연행되었다. 길거리 장터가 열리지 않은 며칠간 거리는 휑한 모습으로 생기를 잃어버린 듯했다. 오전부터 열던 난전은 저녁때가 다 되어야 열렸고 부부는 어깨에 풀기가 빠져버린 듯 축 처졌다.

다 같이 먹고 살아야 하지만 얌체 같은 사람도 있다. 어느 날은 윗목에 살을 쳐 놓고 고기를 낚아채가듯이 큰 도로에서 손님을 빼앗아 갔다. 횡단보도 끝에서 짐을 실은 차를 세워두고 과일을 파는 사람들이다. 모두가 그 집에서 파는 참외, 복숭아, 사과, 배들이다. 미리 봉지에 담아두고 손님을 부른다. 아저씨의 매상이 많이 떨어졌나보다. 새로 나타난 젊은 청년들과 담배를 나누어 피며 어려운 사정을 이야기하는 듯했다. 두 청년은 그의 고충에 대해 별반 관심이 없어 보였다.

또 한 번은 옆에서 꼬치 파는 사람과 자리싸움이 벌어졌다. 트럭

이 있던 자리에 빨간 차가 자리를 차지하는 바람에 밀려난 아저씨는 제대로 대거리를 못했다. 꼬치 파는 아저씨가 말쑥한 차림에 성깔이 배어나는 사람이라면, 야채장수는 차림이 헐렁하고 뒤끝 없어 보인다. 만만찮은 상대인 것 같다. 불만의 말을 뱉어보지만 꿈쩍도 않고 내려다보는 눈은 금방 불꽃이 일어날 듯이 팽팽한 긴장감이 느껴졌다. 꼬치는 학생들과 젊은이들이 좋아해서 많이 법석거렸다. 며칠 만에 제자리로 돌아온 아저씨는 어떻게든 합의를 했나 보다.

언제 어떤 일이 닥칠지 모르는 일상에서 그저 받아들일 수밖에 없는 처지이다. 가게를 차릴 만한 여유가 없으니 오죽 가슴이 답답할까. 그렇다고 그만한 길목을 포기하기에는 아까운 자리다. 네 개의 아파트 단지에 사는 사람들이 대부분 이곳을 지나다녀서 퇴근 시간에는 길이 비좁다. 집안일은 어쩌고 두 부부가 길거리 장사에 나섰는지. 아이들이 초등학생 정도는 되었을 법하다. 부인이 늦게 나오는 날은 옆에서 잡곡을 파는 노인이 불편한 왼손으로나마 대신 해주었다. 노인이 늦거나 일이 있을 때는 아주머니가 팔아주는 걸 보았다. 노인이 진열하는 잡곡도 조금씩 늘어났다. 옥수수도 삶아서 판다. 서로 도울 이웃이 있어 다행이다.

오늘은 공휴일이다. 단속이 없는 날이라 너무 기분이 좋아버린 것인가. 정말 덩실덩실 춤이라도 추고 싶은 날이었으면 한다. 나에게 이야기를 들은 딸은 사는 것이 너무 힘들어 보인다며, 그 집의 과일을 사주자고 나를 끈다.

그림자와 시선

모퉁이를 돌아가는 한 사람만 보일 뿐 운동장은 고요하다. 갑자기 추워진 날씨 탓에 아침운동을 접은 모양이다. 트랙의 흰 선을 따라 걸으니 머리 위에는 별들이 맑게 빛나고 차가운 공기가 정신을 말갛게 씻어준다. 이렇게 걷고 나면 하루가 가뿐하다.

울타리 너머에 반달처럼 떠 있는 가로등은 셔터를 내린 상가들을 유적지처럼 적막한 분위기로 만들었다. 운동장의 남쪽을 지날 때였다. 나를 따라오는 짧고 긴 그림자가 여럿이 겹친다. 조금 짙은 그림자와 옅은 그림자들이 부챗살처럼 퍼져 나와 보조를 맞춘다. 가로등 불빛이 나를 비춘 것이다. 멀리 또는 가까이 또 다른 각도에서.

문득 나를 바라보는 사람들의 시선도 그럴 거라는 생각이 스쳤다. 유년의 어수룩한 나를 기억하는 이가 있나 하면, 힘든 고비를 넘을 때 찡그린 나를 떠올리는 이가 있든지, 미사여구로 포장된 나의 글을 읽었을 이들……. 조금씩 다른 모습을 떠올리게 되리라.

나는 파딩 바지에 자줏빛 오리털점퍼를 입었다. 하얀 털모자를 쓰고 장갑과 마스크를 했지만 그림자는 모두를 무시한 검은색이다. 그저 윤곽만 닮은꼴이다. 내 옷차림에 대해 얼마든지 더 자세하게 설명할 수가 있지만, 그림자는 아랑곳 않고 어떤 빛깔과 무늬도 모른 척해버린다. 아니 그게 어쨌다는 거냐고 나무랄 것 같다. 손끝에 매만져지는 질감이라든지 에스키모인을 연상시키는 디자인에 대해서는 알은 체도 않는다. 내 발목을 잡고 어디든 따라 다니던 사이가 아닌가. 화가처럼 그림자를 날마다 그리고서도 고작 솜씨가 그 정도밖에 안 되는지. 내가 나라고 믿는 것과는 도무지 거리가 멀다. 못 둑 위를 지나갈 때 잔물결이 밀려오거나 울퉁불퉁한 길이라도 만나면 주름 잡히거나 휘어지기까지 하니 왜곡도 이쯤이면 극치를 이룬다고 해야겠다.

서로 다른 시선들을 무시해버릴 만큼 나는 자유롭지 못하다. 지금도 가끔씩 거기에 휘둘려 밤잠을 설치기도 하니 말이다. 햇빛이 눈부신 날은 그늘에 서 있는 사람을 보지 못했다. 군계일학이 성공이라 믿으며 빛이 드는 쪽으로만 달려갔다. 휴식을 잊은 날은 지쳐서 푸념을 늘어놓았고 몸살까지 앓았다. 그림자를 밀어내야할 것이라 여겨 자신을 채근하기에 바빴다. 오늘은 한걸음 비껴나서 그림자를 바라본다. 화해의 손이라도 내밀어야겠다.

그림자는 어둠이 머무는 곳이다. 운동장 둘레에 서 있는 나무나 철봉과 농구 골대도 차별을 두지 않는다. 발길에 차이는 돌멩이까지도 어둠을 거느렸다. 모두가 평등하게 그림자를 거느리는 것은 빛이 닿지 않는 어둠에서 나온 것이기 때문이리라. 오방색과 구름무늬가 아무리 고와도 빛이 있는 곳에서 제 아름다움이 드나드는 법, 빛이 머물지 않는다면 아무런 의미가 없지 않은가. 거느리고 있는 모든 그림자는 차별 없이 검다. 그렇게 공통분모로 인식하는 것이 그림자이다. 내 눈을 현혹시켰던 물상들의 뒤에는 언제나 그림자가 있었다. 잠시 햇빛이 드는 곳에 나왔을 뿐임을 잊지 말라는 뜻으로 그림자를 딸려 보낸 것인가.

교정의 느티나무와 이팝나무가 제 발밑에 그림자를 펼치고 섰다. 서로에게 다가가지 못해 얼마나 애를 태웠을까. 하지만 그림자로 만나면 하나로 섞일 수가 있었다. 작은 그림자가 큰 그림자 속에 들어가고 어깨동무하듯이 모이는 시간이 오면 커다란 하나가 된다. 어디나 공평하게 찾아오는 밤, 모두를 감싸 안는 밤은, 낮 동안의 피곤한 시선을 거두어들여 가장 편안한 휴식에 들게 한다.

밤에 별이 빛나듯 잠 속에 별처럼 아름다운 꿈을 꾸게 되리라.

이끼꽃

초겨울 숲에서 빈 가지들과 만났다. 발밑에 부려놓은 잎들의 풍화작용을 보며 시드는 육신과 세월을 생각한다. 퇴색해가는 잎들의 빛깔에서, 켜켜이 쌓여 발바닥으로 전해오는 부피에서, 쨍그렁 공기를 가르는 냉기 속에 시드는 향기가 그런 생각에 젖게 한다. 어쩌다 흔적처럼 달려있는 마지막 잎새를 보면 더욱 그렇다. 문득 발견하는 겨울눈은 가슴을 에이게 한다.

앙상한 숲의 갈비뼈 사이를 헤집고 내려오면서 그녀가 보여주고 싶다고 한 곳이 가까워짐을 예감했다. 자주 휘어지고 굽은 그 끄트머리쯤에는 그리운 것들이 폴짝 튀어나올 것만 같다. 후미진 계곡을 끼고 도는 동안 햇살이 빗금처럼 스며들어 숲은 환하다. 비탈을 오르는 나무들의 줄기마다 초록으로 피어난 이끼꽃들.

나무들은 옷을 벗어 칙칙하니 빛을 잃어 가는데, 소나무줄기를 타고 오르는 초록의 이끼들로 생기를 되찾았다. 동화 속의 난장이들이라도 나올 것 같은 풍경이다. 이끼들이 이렇게 아름다울 수 있다니. 잡목들의 줄기마다 꽃처럼 피어난 이끼들로 젊어진 나무들.

여름의 계곡에서 만났던 검푸른 이끼의 기억들은, 껄끄럽고 피하고 싶은 삶의 뒤안길 같았다. 마른 이끼가 버짐처럼 번진 바위들을 무심히 지나쳐버렸다. 눅눅하고 질척거리는 곳에서 보았던 검푸른 이끼나 도시의 샛강에서 보던 청태는 결코 아름답지 않았다. 피하고 싶은 그곳은 음지에 피는 삶이라 여겼다. 잠시 잊고 지냈던 어두운 기억들을 떠올리게 하는 것이다.

지금 해바라기를 하고 있는 이끼는 새로운 의미로 다가온다. 초록의 물감을 떨어뜨린 듯한 이끼들로, 나무는 환생이라도 한 듯이 푸르다. 성긴 줄기와 가지 사이로 엷은 햇살이 스며드는 이때를 얼마나 기다렸을까. 저물어가는 계절의 자락을 잡고 피어나는 이끼들이다. 하나의 홀씨가 날아가 두꺼운 각질로 무장한 나무에 더부살이를 시작한 뒤로 고달픈 날들은 또 얼마나 많았을까? 바람과 싸우며 목이 말라 박제가 될 뻔한 적도 있지 않았던가. 안개와 이슬이 아니었더라면 견디기 어려웠을 테다. 나뭇잎들이 하늘을 지붕처럼 덮어서 볕 한 점 들지 않던 긴 시간의 터널을 지나 온 게다. 그들은 지금, 수많은 자식들을 잉태하기 위해 초록의 몸을 살찌우는 중이다.

이끼는 사람보다 훨씬 오래된 조상을 가졌다고 한다. 유전자 속에는 질긴 인내심이 저장되었을 게다. 지금까지 살아온 참을성은 높이 살만하지 않은가. 또 짧은 시간에 일제히 절정을 향해 꽃피우는 열정도 가상하다. 오래 고난을 겪은 터라 다른 생명들을 감싸줄 줄 아는 넉넉함도 가졌다. 뿌리를 내릴 수 없는 곳에 맨 먼저 발을 뻗어서 작은 생명들의 보금자리가 되어 주는 걸 보게 된다. 하늘에 닿을 듯한 무서운 절벽 위에서 한 그루의 소나무가 대견하게 자라는 데는 씨앗을 소중히 품었던 이끼의 정성이 있어 가능했다. 갈무리한 물을 이웃에게 나누어 가진다. 때때로 숲이 폭우로 위태로워지면 미약하나마 힘을 보태어 붙들었을 테다. 더불어 사는 심성이 보인다.

요즈음 들어서 이끼와 자주 만났던 것 같다. 단풍이 한창 곱던 절 마당에서다. 우산을 펼치듯 소복하게 들어 올린 이것이, 말로만 듣던 우산이끼였다. 꽃이라고 불러주지 않는 미완의 몸이지만 그들만의 살아가는 방식으로 이어왔다. 동영상으로 보았던 이끼들의 포자가 눈에 선하다. 작은 주걱을 들어올린 것 같기도 하고 콩나물 머리처럼 생긴 것에는 뭇 생명들을 담고 있었다. 저렇게 작은 것에도 간절한 소망이 있구나. 하찮다고나 할 이 작은 생명이 무엇을 향해 이토록 몸짓을 하는가. 작은 것들이 피워 올리는 생명이 더 사랑스럽다.

숲을 숲답게 생명을 생명답게 하는 것들에게서 그녀가 기쁨을 얻었나보다. ‘어머니 나를 낳아주셔서 감사해요.’라고 전화를 했단다. 눈물이 핑 돈다. 그 간절한 마음은 어디서 오는 걸까. 지금 그녀는 불안하다. 몇 번의 대수술을 받은 것도 모자라 혹을 안고 있다. 어려운 자리에 앉은 그 혹은 자신의 의지로는 어쩌지 못하고 의사에게 맡겨야 하는 일만 남았다. 의사에게, 가족에게, 세상 사람들에게 모두를 맡긴다는 심정은, 오늘 하루를 이토록 감동케 하는가.

엷은 햇살 속에 푸른 이끼나무를 보면서 그녀가 피워 올리는 소중한 또 하나의 이끼꽃을 발견한다. 무심히 지나쳤던 지난날과 인연이 소중해지는 시간이다.

물살을 거슬러가듯이

챙모자를 쓴 남자가 마주보고 달려온다. 도로를 역주행하는 것처럼 거슬린다. 마주 오는 사람들을 피해 가려면 매듭에 걸리듯 방해가 되는데, 이해할 수 없다. 걷는 게 아니고 달리고 있으니 더욱 그렇다. 일부러 뒷걸음질하는 것은 보았지만 처음 보는 광경이다. 별스럽다 못해 심기를 건드린다. 그는 사람들의 심중을 아는지 모르는지 보폭을 일정하게 해서 내가 운동장을 빠져 나올 때까지 그렇게 달렸다.

트랙을 따라 운동장을 도는 사람들은 약속이나 한 듯이 모두가 시계반대 방향으로 간다. 다섯 바퀴를 돌고 나서 장미울타리 쪽으로 가니 운동기구들은 젖어 있었다. 교정의 시계가 여섯 시를 가리킨다. 아침밥을 준비하려면 10분 정도는 더 여유가 있다. 느티나무

아래 서서 운동하는 사람들을 바라보았다.

운동장을 도는 사람들은 대부분 나이가 많다. 허리가 꼿꼿한 젊은이도 더러 있다. 그들의 걸음은 힘이 넘쳤다. 몇 년째 보이는 사람도 있다. 어깨가 떡 벌어지고 다부지게 보이는 남자는 늘 반바지 차림으로 달린다. 좀더 많은 거리를 가려고 운동장 가장자리까지 가서 방향을 바꾼다. 여유가 없어 보여 답답하다. 할머니들은 다리가 휘었고 허리가 조금씩 굽었는데 몇 명씩 같이 걷는다. 오늘 아침 눈에 띄는 풍경은 아내와 아들딸을 거느리고 달리는 가장의 모습이다. 극기 훈련을 시키려는 교관처럼 보여 웃음이 나왔다. 건강에 대해 일찍 깨닫거나 뒤늦게 뉘우친 사람들이 눈을 비비며 이곳에 나왔으리라.

대부분의 사람들은 순방향으로 움직인다. 그것이 자기와 맞지 않더라도 많은 사람들이 가는 곳으로 따르기 마련이다. 세상을 사는 이치도 그렇다. 남과 반대로 가라면 내키지 않거나 죽기보다 싫어할지도 모른다. 저렇게 자신 있게 운동장을 돌면서 많은 시선들과 마주칠 수 있는 사람은 드물 것이다. 반바지 차림에 모자를 눌러 쓰고 당당하게 달리는 걸로 봐서 어쩌면 이유가 있을 것 같다. 조금 마른 듯한 몸매에 근육질의 다리로 보아 육상선수일지도 모른다는 생각이 든다. 그렇다면 출전을 앞둔 선수인가. 트랙경기라면 시계반대방향일 텐데, 혹 훈련 방법 중에 하나인가. 마라톤이라면 길에 따라 왼쪽으로 가다가 오른쪽으로 틀어야 할 때가 있을 것 같다.

반대편에서 달려오는 그분은 물을 거슬러 오는 연어 떼를 떠올리게 했다. TV화면 가득히 모천으로 돌아오는 연어들이 퍼덕거리며 물방울이 날렸다. 내레이터는 강물에서 태어난 어린 연어들이 삼사년 전에 먼 바다로 떠났다가 성어가 되어 돌아오는 것이라고 말한다. 민물의 맛을 그토록 오래 잊지 않았을까? 강에서 태어나 바다로 떠나던 날의 기억이 화석처럼 남아있나 보다. 쓰린 소금맛과 험난한 물결을 타느라 고생이 많았을 텐데 오래되고 먼 꿈이었던 그 일을 이루기 위해 무거운 몸으로 돌아오는 것이다.

오는 길에는 숱한 위험이 도사리고 있었다. 여울에서 목을 늘이고 지켜보는 곰과 만찬을 기다리며 눈을 부릅뜬 새들이 있었다. 모천으로 돌아오는 연어는 그들의 새끼들을 기르기 위해 동료들의 주검과 희생을 딛고 필사적인 노력을 한다. 인내심과 역동적인 힘은 처절함마저 느끼게 했다. 살아있는 것들의 생명을 어찌 함부로 할 수 있을까. 목숨을 가벼이 여겨 스스로의 생을 포기하는 것은 그 어미의 수고를 배반하는 일이다.

운동장을 한 방향으로만 돌아야 한다는 생각을 바꾸어야 할 것 같다. 같은 방향은 세상에 착한 사람만 산다는 것과 같거나 잘난 사람만 존재 가치가 있다는 말이 된다. 살아가기 위해 몸부림치는 생동감이 없다. 물결을 거슬러 가는 지느러미의 힘을 느끼지 못한다. 쳇바퀴처럼 날마다 같은 방향으로만 움직인다면 고인 물처럼 잔잔할지는 모르나 숨이 막혀버릴지 모른다.

역방향으로 가는 이들을 비웃어서는 안 될 것 같다. 두렵지만 용기가 필요한 일이다. 물길을 거슬러 가려면 부단히 꼬리를 저어야 한다. 고행길의 역방향에서 지루한 일상이 평화로울 수 있다. 새로운 세계에 대한 동경과 모험심으로 한 생애를 다 써버리더라도 후회하지 않을 길이라면, 그 길을 가는 사람에게 응원의 박수를 보내야 하리라.

내 삶에서 방향을 바꿀 생각은 왜 못했을까? 남이 가는 방향을 좇기만 했다. 문명과 문화의 흐름을 보면 안다. 어제의 기술이 낡아 폐기처분되지 않으려면, 예술가의 정신이 기발한 착상으로 번득거리려면, 거슬러 가는 사람이 되어야 하리라. 좋은 글을 쓰려고만 했지 생각을 거스르면 큰일이라도 나는 줄 알았다. 내 글에 생명력을 느끼지 못하는 것도 그런 이유 때문이리라.

시계방향으로 도는 그 사람 때문에 한 생각에 잠겼었다.

시간의 무늬

거리에 나부끼는 플래카드들이 축제기간을 알린다. 닥종이 인형 만들기 체험과 미술대회의 접수를 받는 부스는 낮 시간이라 한산하다. 느긋한 마음으로 화랑에 들어섰다. 연두와 연노랑 빛깔이 환하고 따뜻하다. 아크릴액자 속에는 노랗게 단풍이 든 칡 이파리의 잎맥이 잠자리 날개처럼 얼비치니 화사하다. 잘살아온 생이 걸린 듯하다. 몇 사람이 작품의 기법에 대한 이야기를 나누더니 나간다. 배추 속고갱이 빛이 도는 한지에 단풍잎 몇 장과 야윈 풀 한 줌, 지문 같은 나이테들이 가을을 옮겨다 놓았다.

소재들은 저마다의 시간을 제 몸에 새겨 넣고 있었다. 계절의 끄트머리를 향해 가며 풀냄새를 허공에 뿌리는 시드는 풀잎, 한 해를 마무리하며 가장 아름다운 순간을 보내는 단풍. 베어나간 자리에 금이 간 나이테, 모난 이빨들이 뽑혀 온기마저 느껴지는 둥근 돌들, 모두가 시간에 대해 말하고 있다.

젊은 화가는 캔버스와 붓 아닌 아크릴 위에다 시간의 이미지를 펼쳤다. 풀과 나무와 돌에서 시간을 끄집어내어 영상처럼 투명하게 보여주려 한 겐가. 계절마다 겪었을 아픔들은 시간의 물길을 지나오면서 거르고 걸러져 환하다. 꿈꾸듯 환상적 빛깔은 가벼운 무게로 다가온다. 이파리의 속내를 실핏줄처럼 드러내는 단풍은 투명하여 뒤끝이 깨끗하다. 삶을 투명한 아크릴 위에 얹어보면 어떨까.

한지를 보는 순간, 오래전 고향의 풍경이 아프게 떠오른다는 문우가 생각났다. 닥나무를 잘라 쪄내고 껍질을 벗겨 물에 담갔다가 긁어서 삶아내면, 다시 두드리고 물에 풀어서 젓고, 뜨고, 짜서는 마지막으로 붙여서 말려야 백지가 만들어진다고 했다. 백지의 백白에 수많은 작업과정의 뜻이 담겼듯이, 일에 늘 파묻혀 지낸 아버지의 벌겋게 부푼 손이 떠올랐고, 아들이 없는 딸부자집의 막내딸로 태어나 피지처럼 괄시를 받았던 기억이 아프다고 했다. 아버지는 옆방에서는 동짓달 긴긴 밤을 새워 일하느라 낯빛이 창백해졌고, 자매들은 '드르륵 드르륵' 닥 껍질 긁는 소리를 들으며 새벽을 맞았다. 노동의 고단함과 아픔이 그 속에 스며있었다.

물속에서 곤죽이 되도록 뭉개고 뭉개어져서 만들어지는 한지가 물을 꺼리듯이, 그녀는 그곳을 떠나와 도시에서 산다. 자신의 아이들이 그때간큼이나 훌쩍 자랐다. '아무짝에도 쓸 데 없는 가시나들'이란 말이 남긴 깊은 흉터와 부끄럽고 손사래 치던 날들의 기억들도 희미해졌을까. 모두가 뭉개어져 진액 같은 물기들이 걷히고 있나보다. 웃는 얼굴에 살짝 주름이 진 모습이 곱다. 구김살 속에 빛이 바랜 시간들이 무늬를 그린 것이다. 아버지의 시간이 되고 보니 정작 피지처럼 살았던 사람이 아버지였음을 알게 된 게다. 지나간 시간을 녹여내어 한 올씩 풀어가며 글을 써나가는 동안 그녀는 그늘을 하나씩 지워 가리라.

이제 한지가 그녀의 지나간 생을 밖으로 불러내고 있다. 머슴들이나 할 일을 거뜬히 해내던 딸들에게 한없이 미안해하던 아버지, 할머니와 집안 어른들 앞에서는 늘 주눅이 들어 구석진 곳으로 피하던 자매들. 가족들끼리만 아는 속내를 드러내지 못하던 그 시절이 어룽거렸다. 뼈째 드러내어 보이는 날이 오리라. 보이는 대로만 본다면 어찌 알 수 있을까. 내가 좋아하고 아끼는 그녀의 주름 속에 숨어있는 것들을.

크고 작은 일들도 지나고 보면 이해 못할 것도 없지 않거늘. 젖어서 어둡던 시간의 터널을 빠져나와 빛 바라기 하듯이, 그녀의 삶을 팽팽하도록 내어 말리었으면 한다. 투명하게 무늬를 그린 작품을 기다려본다.

바위, 몸을 열다

나는 그동안 어느 것도 고이거나 머무르지 못하게 밀어냈다. 차갑든지 뜨겁든지 분명한 것이 좋았다. 말쑥한 얼굴을 늘 자랑으로 삼았다. 젊은 날의 모난 성격을 개성으로 여기며 날을 세워 살았고 타협을 싫어했다. 때때로 사람들은 풀 한 포기 키우지 못하는 독한 놈이라고 했다. 드물게 외경을 읽고 가는 이도 있었으나, 대부분 근엄한 표정에 진저리를 내며 멀리했다. 오랜 침묵과 이기심으로 고독하게 지내는 동안 서서히 가슴에 길을 내기 시작했다. 침묵의 지난한 세월이 너무 힘이 들었으니까. 따가운 태양이 변함없이 나를 데워보겠다고 날마다 구애를 하고 달과 별이 변함없는 눈빛을 보내온 시간이 헛되지 않아 내 조붓한 가슴이 열리게 된 것이다.

생돌이었을 때는 감히 엄두도 못내 보던 일이다. 단단한 아집과 자존심이 견고한 벽을 무너뜨릴 수 있을까 싶었다. 비와 바람이 수없이 어루만지거나 사납게 두드리며 다녀가는 동안 몸은 깎이고 패어나가 둥글어져 비빌 언덕도 생겨났다. 내 속에 조금씩 자궁이 자라기 시작했다. 가슴을 꽉 채워줄 꿈 하나를 키워온 것이지. 오랜 불임의 시간을 지나오는 동안 마음이 바뀐 것이다. 가슴이 터지고 갈라지더라도 깊이 간직할 생명 하나를 갈구했다.

햇빛이 눈부시던 어느 날, 내 보람이 헛되지 않아 바람이 너를 실어왔었지. 너를 안은 가슴이 마구 설레며 뛰었어. 내 꿈이 드디어 이루어지는구나 싶었어. 네가 나를 쪼개어 산산이 부숴놓는 날이 오더라도 나는 가슴을 활짝 열어 보이고 싶었어. 그리고 떠나가 버릴까 노심초사하며 밤잠을 설쳤어. 다행히 너의 곁에 또 다른 생명들이 모여들었어. 보드라운 흙과 나뭇잎 그리고 풀씨들이 모여들어 품어주었어. 빗물을 머금어 너를 키운 지 벌써 여러 해, 새끼손가락 굵기로 자라 제법 솔내음을 흘리게 되었지. 내 한 알의 모래로 돌아가는 날까지 나를 쪼개고 쪼개어 기꺼이 너의 받침이 되리니.

나의 몸이 이불이 되고 뿌리의 집이 되어 너를 받쳐주는 버팀목이 되려고 해. 너에게서 흘러내린 잎들로 자양분을 삼아 묻어두리니. 내가 작아져 보이지 않을 때, 너는 우뚝 솟아 네 새끼들을 거느리고 묵은 것들을 이웃하여 다른 생명들을 불러들여라. 너를 품은 내 보람으로 우뚝하여라.

단단한 아집과 자존심이 푸르게 살아 있던 날에는 내 견고한 벽을 무너뜨릴 수 있을까 싶었다. 내 몸에 이끼가 돋고 생명이 몸집을 불려가고 있는 지금, 가슴이 꽉 차서 종내는 터진다 해도 두렵지 않다. 소중한 생명을 위해 다른 어머니들처럼 나의 세포들을 잘게 부수어 가리라. 내가 작아져 보이지 않을 때, 나는 네 속에서 영원하리니.

조금씩 흔들려 보면

오랜만에 운동장에 나왔다. 어둠을 디디고 트랙을 천천히 도는데 흰 선이 훤히 드러났다. 이왕이면 똑바로 걸으며 바른 자세를 만들어 보고 싶다. 그어놓은 선을 따라 발을 내딛는데 몸이 비틀거린다. 좀 더 신경을 써서 천천히 걸어본다. 조금 전보다 더 흔들린다. 선을 따라 걸으려고 하면 할수록 몸은 기우뚱거려 아예 시선을 멀리 두고 마음 쓰지 않으니 오히려 낫다.

평지를 걷기도 쉽지 않은데 외나무다리는 어떻게 건너나 싶다. 아마 심리적인 것이 어느 정도 관여하리라. 다리 아래 아득한 계곡에 바위가 울퉁불퉁 솟았거나 시퍼런 물이라도 흐른다면 지레 겁을 먹게 될 것이다. 그보다 외줄타기는 보는 내가 오히려 아찔해서 주먹 쥔 손을 펴지 못한다. 그냥 걷는 것이 아니라 춤을 추며 줄에 걸터앉았다. 일어서며 줄을 가지고 놀 때는 할 말을 잃어버린다. 흔들리며 중심을 잡아가는 것인가. 떨어지는 것이 두려워 조심조심한다면 무사히 건너갈 수 있을까.

아이들에게 똑바로 가라는 말을 자주 했던 것 같다. 행여 엇길로 갈까 하는 노파심에서 한 말이다. 학교생활만 잘하면 마음이 놓였다. 아이들은 시계를 닮은 계획표에 맞추어 가느라 무척 힘들었을 테다. 자주 그어 놓은 금을 벗어나 비틀거리면서 중심을 잃지 않으려고 안간힘을 쓰거나 낙심하기도 했으리라. 멀리 있는 꿈은 설렜다기보다 돌덩이처럼 무거웠을 것이다. 돌아보면 그 나이에 못 해 본 일들이 너무 많아 아쉬웠다. 금을 미리 그어두고 이 길만 똑바로 가라고 아이들을 채근했으니 일찌감치 어른으로 만든 셈이다.

요즈음 들어 앞서가는 이들의 뒷모습에 자주 눈길이 머문다. 휜 다리로 걸어가는 이들은 하나같이 바짓가랑이 사이로 휑하니 바람이 지나다닌다. 그럴 때마다 문득 내 다리를 내려다본다. 가슴에 서늘한 바람이 인다. 언제부턴가 두 무릎을 스치듯 걷는 것이 불편했고 마음먹고 걸어보아도 두 다리 사이가 이내 벌어졌다. 틈이 생기고 성글어지는 것을 몸이 바라는 바인가. 이 만큼 먼 길을 왔으니 애면글면 할 일도 아니지 않은가.

찬찬히 바라보고 있으면 모두가 흔들리며 사는 것 같다. 땅에 뿌리 내리고 선 나무도 흔들리며 자란다. 거기 깃들어 사는 새들도 쫑깃쫑깃 자주 꼼지락거리고 지상 몇 층이라고 높이를 자랑하는 빌딩까지도 흔들리게 짓는다는 말이 있지 않은가. 잠시 시선을 멀리 두면 어떨까. 길에서 꽃을 만나면 향내도 맡고 웅덩이가 있다면 들여다보면서. 친구와 손을 잡고 하늘을 향해 소리치면서 걸어가 보라고 말하고 싶다.

조금씩 흔들려보면 오히려 중심 잡기가 쉬워지리라.

송복련 수필집

둥둥 우렁이 껍데기 떠내려가다

인 쇄 / 2012년 11월 10일
발 행 / 2012년 11월 15일

지 은 이 / 송 복 련
발 행 인 / 서 정 환
발 행 처 / 수필과비평사

출판등록 / 1984년 8월 17일 제28호
주 소 / 서울시 종로구 익선동 30-6
운현신화타워 빌딩 2층 209호
전 화 / (02) 3675-5633, (063) 275-4000
팩 스 / (063) 274-3131
E – mail / essay321@hanmail.net

값 13,000원

ISBN 978-89-97700-74-5 03810